LES RECOURS DANS LE CONTENTIEUX DES MARCHÉS PUBLICS AU SÉNÉGAL

Guide à l'attention des opérateurs économiques

Collection « Études africaines »

dirigée par Denis Pryen et son équipe

Forte de plus de mille titres publiés à ce jour, la collection « Études africaines » fait peau neuve. Elle présentera toujours les essais généraux qui ont fait son succès, mais se déclinera désormais également par séries thématiques : droit, économie, politique, sociologie, etc.

Dernières parutions

Balla CISSÉ, *La fin de la IIIe République au Mali, Histoire constitutionnelle, 18 août 2020-28 mai 2021*, 2022.

Tafsir BABA NDAO DIOUF, *l'esthétique de Léopold Sédar Senghor. Entre raison intuitive et raison discursive*, 2022.

Famoudou KONATE, avec la collaboration de Thomas OTT, *Mémoires d'un musicien africain. Ma vie – mon djembé – ma culture,* 2022.

Christelle MOLIMA BAMEKA, *Enfants soldats et réinsertion socio-communautaire. Questions de responsabilité pénale en droit international et national congolais*, 2022.

Simpara MAHAMADOU N'FA, *DE L'OUA AU G SAHEL. Une brève histoire de la gouvernance sécuritaire en Afrique*, 2022.

Emmanuel KOUROUSSOU GAOUKANÉ, *Les applications du Code de l'indigénat en Oubangui-Chari (1910-1946). Ou comment les mesures disciplinaires rendent possible ce que le budget de la colonie ne permet pas*, 2022.

Jean-Bruno BAYETTE, *Le mémoire de master à l'Université : sociologie de la réussite. Analyse de l'Université Marien N'Gouabi (République du Congo)*, 2022.

Emmanuel Tchumtchoua, *L'espace caféier au Sud-Cameroun sous administration française (1919-1945), Conflits, mutations sociales et résistances*, 2022.

Natan OBAME NDONG, *La rationalisation du traitement de l'investissement direct étranger par la commande publique au Gabon*, 2022.

Issakha NDIAYE

LES RECOURS DANS LE CONTENTIEUX DES MARCHÉS PUBLICS AU SÉNÉGAL

Guide à l'attention des opérateurs économiques

L'Harmattan

Du même auteur :

- *Les contrats de Partenariat Public-Privé et le développement des infrastructures au Sénégal*, Harmattan, Collection : Études africaines – Droit, 2015
- *Guide de la passation des marchés publics au Sénégal*, Harmattan Collection : Études africaines – Droit, 2011

5-7, rue de l'École-Polytechnique, 75005 Paris

www.editions-harmattan.fr

ISBN : 978-2-14-031674-6
EAN : 9782140316746

DEDICACES

Avec mes pensées émues, je dédie cet ouvrage :

- à la mémoire de :

    - mon père, El Hadj Ibrahima NDIAYE
    - ma petite sœur, Mame Bineta NDIAYE

- à ma maman, Diariétou DIOUF
- à mon épouse, Mame Ndella, et aux enfants, Ibrahima et Adama
- à mes frères et sœurs.

AVANT-PROPOS

L'idée de rédiger le présent ouvrage relève à la fois, et modestement, d'une œuvre pédagogique et d'une volonté de contribuer à combler un vide en matière de travaux sur le contentieux de la commande publique au Sénégal.

L'œuvre pédagogique est orientée vers les opérateurs économiques, pour leur permettre de disposer d'informations et d'explications utiles pour bien aborder leurs actions contentieuses dans le cadre des marchés publics au Sénégal. Pour ce faire, il était important de présenter les recours contentieux à travers les principales phases du cycle de vie d'un marché public. Cette approche permet ainsi à chaque opérateur économique, de se retrouver dans le présent ouvrage, qu'il soit candidat ou soumissionnaire à un marché public, ou encore déjà titulaire d'un tel contrat.

Elaboré sous forme de guide pour les opérateurs économiques, cet ouvrage n'aborde donc pas des aspects comme les recours des tiers au contrat ou celui introduit par le Représentant de l'Etat auprès des collectivités locales.

Quant à la volonté de contribuer à combler le vide en matière de travaux sur le contentieux de la commande publique au Sénégal, elle est née d'un constat selon lequel, il n'y a pas beaucoup d'écrits au Sénégal sur ce thème, à part quelques articles doctrinaux, au demeurant très intéressants, et que nous citons d'ailleurs dans le présent ouvrage.

Il nous a paru donc important de faire cette contribution, qui, au-delà des opérateurs économiques, pourrait intéresser tout autre acteur, public comme privé, qui s'intéresse à la commande publique ou au contentieux de l'action publique au Sénégal.

PRINCIPALES ABREVIATIONS

AAPC	Avis d'Appel Public à la Concurrence
ARCOP	Autorité de Régulation de la Commande Publique
ARMP	Autorité de Régulation des Marchés Publics
AU	Acte Uniforme
AUPSRVE	Acte Uniforme portant organisation des Procédures Simplifiées de Recouvrement et des Voies d'Exécution
CDC	Caisse des Dépôts et de Consignations du Sénégal
CCJA	Cour Commune de Justice et d'Arbitrage
CMP :	Code des Marchés Publics
COA	Code des Obligations de l'Administration
COCC	Code des Obligations Civiles et Commerciales
CRD	Comité de Règlement des Différends
DAO	Dossier d'Appel d'Offres
DCMP	Direction Centrale des Marchés Publics
EPIC	Etablissement Public Industriel et Commercial
MEF	Ministère de l'Economie et des Finances
OHADA	Organisation pour l'Harmonisation en Afrique du Droit des Affaires
SAPPM	Société Anonyme à Participation Publique Majoritaire
SN	Société Nationale
TGI	Tribunal de Grande Instance
UEMOA	Union Economique et Monétaire Ouest Africaine

SOMMAIRE

INTRODUCTION

Les marchés publics au Sénégal, comme dans tout autre pays, ont des enjeux financiers très importants pour le secteur privé. Ils constituent au Sénégal l'une des plus importantes sources de trésorerie pour le secteur privé et les chiffres sont éloquents sur ce point. En effet, au titre de l'année 2017, en référence aux données publiées par l'ARMP (devenue l'ARCOP), « *677 plans de passation des marchés (PPM) recensant 22 681 projets de marchés ont été publiés en 2017, avec 2 823 révisions* ».[1] Sur le plan financier, l'autorité de régulation indique que *« les marchés immatriculés en 2017 se chiffrent à 4055 en nombre, soit 1545 milliards de francs CFA »*[2].

Pour les exercices 2018 et 2019, 1 407 plans de passation de marchés ont été reçus et publiés dans le portail officiel des marchés publics du Sénégal, pour un total prévisionnel de 52 984 marchés et un budget estimatif de 5 891, 261 milliards de francs CFA[3].

Au final, sur ces deux années, le nombre de marchés immatriculés s'élève à 6 543 marchés pour un montant cumulé de 2 860 204 828 104 FCFA[4].

Ces chiffres nous renseignent d'une part, sur le caractère soutenu de l'activité du secteur public en termes d'achats publics, et, d'autre part, sur l'importance des sommes engagées dans les procédures publiques d'acquisition de travaux, fournitures et services (courants et intellectuels).

Le souci de la légalité dans ces procédures d'acquisition, l'importance des enjeux financiers visés ci-dessus, et la concurrence exacerbée dans le secteur privé, sont autant de

---

[1] ARMP, rapport annuel 2017, p.13.
[2] Ibid. p.13.
[3] Revue des marchés publics, N°30 / Janvier - Février 2021, p.11

[4] ARMP, rapport annuel 2018-2019, p.9

facteurs de développement du contentieux dans ce secteur de la commande publique.

A titre d'exemple, au titre de l'année 2017, le Comité de Règlement des Différends (CRD) a rendu 296 décisions. Sur ces dernières, 191 décisions ont un caractère définitif dont 180 relatives à des recours portant sur des procédures de passation de marchés[5], lesquels concentrent donc une bonne partie du contentieux.

En 2018, 187 décisions définitives ont été rendues par le CRD, et 204 en 2019[6]. Sur les recours au titre de 2018, 104 proviennent d'entreprises en contestation du rejet de leurs offres. Sur les recours en 2019, 112 concernent des entreprises candidates aux marchés publics[7].

Si ces données ne concernent que l'activité auprès de l'ARCOP (anciennement ARMP), il n'en demeure pas moins que le contentieux des marchés publics au Sénégal couvre d'autres réalités et fait intervenir d'autres acteurs comme les juridictions, en l'occurrence, les Tribunaux de Grande Instance (TGI) et la Cour Suprême.

Dès lors, étudier les recours dans le contentieux des marchés publics au Sénégal, avec une analyse exclusivement sous l'angle des actions possibles pour les opérateurs économiques, implique une approche à la fois globale et pédagogique.

Est « opérateur économique » toute personne physique ou morale, de nature privée (en ce qui concerne notre approche), ou tout groupement de ces personnes, qui offre sur le marché la réalisation de travaux ou d'ouvrages, la fourniture de produits, ou la prestation de services (services courants ou prestations intellectuelles).

---

[5] ARMP, rapport annuel 2017, p.26.

[6] ARMP, rapport annuel 2018-2019, pages 105 et 106

[7] Ibid. p.10

Dans le cadre du contentieux des marchés publics, cet opérateur peut agir en tant que candidat, soumissionnaire à une procédure, ou titulaire d'un contrat.

Un candidat est un opérateur économique qui demande à participer, ou est invité à participer à une procédure de passation d'un marché public.

Quant au soumissionnaire, il désigne un opérateur économique qui présente une offre dans le cadre d'une procédure de passation d'un marché public.

Pour le titulaire, il désigne, l'opérateur économique attributaire d'un marché qui a été approuvé conformément aux procédures prévues par la réglementation applicable.

Les problématiques que pose le contentieux des marchés publics sont généralement différentes selon la phase concernée par le litige. En effet, selon qu'on est dans la phase de soumission des candidatures, de dépôt des offres ou d'exécution du marché, les obligations juridiques de l'Autorité contractante changent et les droits et intérêts que le requérant cherche à faire protéger par l'autorité saisie sont différents.

A titre d'exemple, dans la phase de soumission des candidatures à la pré-qualification, la problématique posée dans le recours peut être liée aux conditions de publicité de l'avis ou aux critères de pré-qualification, le tout s'inscrivant très souvent dans les principes fondamentaux de transparence, d'égalité de traitement des candidats ou d'égal accès à la commande publique.

En phase de soumission, le soumissionnaire est souvent confronté à des problématiques liées aux spécifications techniques des produits, services ou travaux envisagés, à la conformité ou à l'adéquation de l'offre, aux critères d'évaluation des offres (dans leur contenu ou application), etc. Là, également, il s'agit de problématiques liées aux principes fondamentaux de la commande publique comme la transparence des procédures, l'égalité de traitement des candidats et des soumissionnaires (…).

Dans la phase d'exécution du marché, la situation et les aspects du contentieux sont très différents, puisque les droits et intérêts du requérant sont très souvent des aspects financiers avec des questions comme : le règlement des prestations ou la résiliation du marché et ses conséquences. Les problématiques peuvent aussi être liées à la réception des prestations ou à la modification de certains aspects des prestations.

Toujours est-il que quelle que soit la phase de la procédure concernée par le contentieux, les règles qui se posent au requérant ne sont pas que des problématiques de fond. En effet, tout requérant, qu'il soit candidat, soumissionnaire ou titulaire d'un marché public, devra avoir une parfaite maîtrise des règles de procédure et de forme à respecter pour saisir valablement l'autorité compétente.

Ces règles de forme et de procédures qui s'appliquent aux recours dans le contentieux des marchés publics sont différentes selon qu'il s'agit (i) du recours préalable auprès de l'Autorité contractante ou de son supérieur hiérarchique, (ii) de la saisine du Comité de Règlement des Différends de l'ARCOP (la chambre des marchés publics), (iii) d'une requête juridictionnelle devant la Cour Suprême ou le Tribunal de Grande Instance, ou encore (iv) d'une saisine d'une instance arbitrale. Cette différenciation des règles de forme et de procédure, avec aussi des problématiques de fond qui peuvent se poser au niveau de l'approche choisie par le requérant et des pouvoirs dont dispose l'autorité saisie de l'action, se perçoit ainsi clairement à travers :

- l'analyse et la présentation du type de recours,
- la nature juridictionnelle ou pas de l'instance,
- l'organe compétent saisi.

Pour cela, selon que le contentieux concerne la phase de passation ou d'exécution du marché, plusieurs textes sont à prendre en considération par le requérant, tout au long du déroulement de ses actions contentieuses, notamment :

- le décret n°2014-1212 du 22 septembre 2014 portant code des marchés publics,

- la loi organique n°2022-16 du 23 mai 2022 modifiant la loi organique n°2017-09 du 17 janvier 2017 abrogeant et remplaçant la loi organique n°2008-35 du 08 août 2008 sur la Cour Suprême,
- la loi n°2022-07 du 19 avril 2022 modifiant la loi n°65-51 du 19 juillet 1965 portant Code des Obligations de l'Administration, modifiée,
- la loi organique n°2017-09 du 17 janvier 2017 abrogeant et remplaçant la loi organique n° 2008-35 du 08 août 2008 sur la Cour suprême,
- la loi n°2017-23 du 28 juin 2017 modifiant la loi n°2014-26 du 03 novembre 2014 fixant l'organisation judiciaire
- la loi n°2014-26 du 03 novembre 2014 fixant l'organisation judicaire du Sénégal et le décret n°2015-1145 du 03 août 2015 fixant la composition et la compétence des cours d'appel, des tribunaux de grande instance et des tribunaux d'instance,
- l'Acte uniforme OHADA relatif au droit d---e l'arbitrage, en date du 23 novembre 2017,
- le règlement d'arbitrage de la Cour Commune de Justice et d'Arbitrage, en date du 23 novembre 2017.

A travers l'ensemble de ce corpus juridique et des règles de forme et de fond qu'il pose, le contentieux des marchés publics tel que nous l'abordons dans cet ouvrage s'organise autour de l'objectif suivant : l'équilibre à trouver entre d'une part, le droit à des voies de recours effectives et efficaces[8], la légalité ainsi que le respect des principes de la commande publique, et, d'autre part, la célérité des procédures de passation des marchés publics

[8] Les directives n° 04/2005/CM/UEMOA et n°05/2005/CM/UEMOA du 9 décembre 2005 portant respectivement « procédures de passation, d'exécution et de règlement des marchés publics et de délégations de service public dans l'UEMOA » et « contrôle et régulation des marchés publics et des délégations de service public dans l'UEMOA » font expressément référence, dans leur exposé de motifs, à ce principe de « voies de recours efficaces ».

et la volonté de ne pas paralyser durablement les projets portant sur la satisfaction de besoins d'intérêt général.

C'est ce qu'expose l'ouvrage à travers les indications sur :

- les recours dans la phase de passation des marchés publics (**première partie**), et
- le contentieux spécifique à l'exécution du marché (**deuxième partie**).

PREMIERE PARTIE : LES RECOURS DANS LA PHASE DE PASSATION

La passation des marchés publics génère, comme indiqué ci-dessus, un volume important de contentieux. Les situations litigieuses peuvent naître dès les premiers actes ou formalités de passation accomplis par l'Autorité contractante. Mais, et on le verra, elles peuvent aussi se produire en toute fin du processus de passation, et dans un cadre plus restreint, entre l'Autorité contractante et le soumissionnaire retenu.

Ce contentieux présente deux aspects dont la connaissance et la maîtrise sont importantes pour tout opérateur économique ayant une activité qui se « nourrit » de la commande publique :

- une phase non-juridictionnelle **(chapitre I),**
- une phase juridictionnelle **(chapitre II).**

CHAPITRE I : LA PHASE NON-JURIDICTIONELLE DU REGLEMENT DES LITIGES DANS LE CADRE DE LA PASSATION DES MARCHES PUBLICS

Qu'il se rapporte à la phase de la passation ou à celle de l'exécution, le contentieux des marchés publics n'est pas du ressort exclusif de l'autorité juridictionnelle. Une telle organisation contribue à la fois à alléger le prétoire du juge, à favoriser un dialogue constructif entre les Autorités contractantes et les opérateurs impliqués dans les procédures (à titre de candidat, de soumissionnaire ou de titulaire) et à donner de la consistance à la régulation de ce secteur des marchés publics.

Pour la résolution des litiges nés à l'occasion de la passation des marchés publics, avant l'intervention du juge compétent, la réglementation applicable aux marchés publics prévoit un mécanisme obligatoire consistant en :

- l'introduction d'un recours préalable auprès de l'Autorité contractante ou de son supérieur hiérarchique (**1**),
- la saisine du Comité de Règlement des Différends de l'ARCOP dans l'hypothèse où le recours préalable ci-dessus n'aurait pas prospéré (**2**).

1. Le recours préalable

Il est très important pour les candidats et soumissionnaires aux procédures de marchés publics, de bien gérer cette étape préalable et d'en maitriser les règles. En effet, l'absence de rigueur et le défaut de connaissances solides des problématiques pertinentes à soulever au regard de l'objet de la contestation peut sérieusement compromettre la réussite de la procédure.

Dès lors, pour tout candidat ou soumissionnaire qui entend introduire ce recours, il existe des préalables à maîtriser (**1.1**) avant de passer à la construction de l'acte de saisine **(1.2).**

1.1. Les préalables à maîtriser

Ces préalables se rapportent à une définition de concepts mais aussi, et surtout, à une maîtrise des caractéristiques du recours préalable (**1.1.1**), à une bonne appréhension et à une bonne compréhension des actes et aspects de la procédure attaquables (**1.1.2**).

Fenêtre

Définition :

- **le recours gracieux :** le recours gracieux est celui que le candidat ou le soumissionnaire adresse à l'auteur de la décision contestée,
- **le recours hiérarchique :** le recours hiérarchique est celui que le candidat ou le soumissionnaire adresse au supérieur hiérarchique de l'auteur de la décision contestée.

L'essence ou l'objectif de ces recours est de permettre à l'auteur de la décision contestée, ou à son supérieur hiérarchique, de pouvoir la modifier, l'abroger ou l'annuler.

1.1.1. Les caractéristiques du recours préalable

Le candidat ou le soumissionnaire qui entend soulever une contestation se rapportant à la passation d'un marché public doit savoir que le recours préalable gracieux ou hiérarchique n'est pas une option. C'est une obligation à laquelle il faut satisfaire, à défaut, la saisine du CRD de l'ARCOP sera sanctionnée d'une irrecevabilité.

Dès lors, relativement audit recours, le premier point que les opérateurs économiques doivent intégrer est son caractère obligatoire **(a)**.

Par ailleurs, introduit dans les conditions requises, ce recours a une portée considérable sur la procédure de passation du marché puisqu'il en suspend le cours **(b).**

a. <u>Le caractère obligatoire du recours préalable</u>

Aux termes de l'article 89 du code des marchés publics, *« Tout candidat à une procédure d'attribution d'un marché* ***doit*** *préalablement à tout recours contentieux, saisir la personne responsable du marché d'un recours gracieux (...) ».*

La rédaction de cet article ne laisse pas de place au moindre doute, quant au caractère obligatoire, ou non, du recours préalable dans le contentieux de la passation des marchés publics. Comme indiqué ci-dessus, tout soumissionnaire ou candidat évincé qui, dans le cadre d'une contestation d'une mesure se rapportant à la passation d'un marché public, saisit directement le CRD de l'ARCOP, verra son recours déclaré irrecevable.

On peut évoquer sur ce point la décision n°184/19/ARMP/CRD du 11 décembre 2019 du CRD de l'ARMP statuant en commission litiges sur la recevabilité du recours de la société Industrielle Sahélienne de Mécanique, de Matériels Agricole (SIMAR). Le 09 décembre 2019, la SIMAR avait saisi d'une requête le CRD de l'ARMP pour contester l'attribution provisoire du lot 2 du marché relatif à l'acquisition de véhicules : neuf (09) motos et dix (10) tracteurs agricoles en deux (02) lots, lancé par l'ANIDA (l'Agence Nationale d'Insertion et de Développement Agricole).

Toutefois, cet opérateur n'avait pas, au préalable, saisi l'ANIDA d'un recours gracieux. Dans sa décision de rejet, le CRD indique ce qui suit :

" *Considérant qu'il résulte des dispositions des articles 89 et 90 du Code des marchés publics, que tout candidat à un marché public doit préalablement à tout recours contentieux, saisir l'autorité contractante d'un recours gracieux dans un délai de cinq (05) jours francs ouvrés à compter de la publication de l'avis d'attribution provisoire du marché, de l'avis d'appel à la concurrence ou de la communication du dossier d'appel à la concurrence, puis le cas échéant, le CRD dans les trois (3) jours ouvrables à compter de la réception de la réponse de l'autorité contractante ou de l'expiration du délai de trois (3) jours ouvrables imparti à l'autorité contractante pour répondre ;*

Considérant qu'il résulte des faits invoqués, qu'après notification de l'avis d'attribution provisoire du marché par courrier du 29 novembre 2019, SIMAR a introduit auprès du CRD un recours contentieux, par courrier du 9 décembre 2019 ;

Considérant que la saisine du CRD n'est pas précédée d'un recours gracieux adressé à l'autorité contractante, elle doit être déclarée irrecevable ".

Même si cette obligation de recours préalable est de plus en plus connue des opérateurs économiques, il n'en demeure pas moins donc que certains ne la respectent pas, par méconnaissance. Or, il est particulièrement dommage pour un requérant de se voir opposer une irrecevabilité pour défaut de recours préalable, surtout si celui-ci avait un dossier solide et bienfondé.

b. Le caractère suspensif du recours

Le recours préalable a pour effet de suspendre automatiquement la procédure jusqu'à la décision définitive de l'Autorité contractante ou de son supérieur hiérarchique. Sa portée est donc non négligeable et une telle caractéristique est conforme aux exigences des instances communautaires.

En effet, aux termes de l'article 11 de la directive n°05/2005/CM/UEMOA, « *Les Etats membres s'engagent à prendre les mesures nécessaires permettant aux soumissionnaires s'estimant injustement évincés des procédures soumises aux dispositions de la Directive N°04/2005/CM/UEMOA, portant procédures de passation, d'exécution et de règlement des marchés publics et des délégations de service public, d'introduire* ***un recours effectif*** *préalable à l'encontre des procédures et décisions rendues à l'occasion de la procédure de passation et leur causant préjudice, devant le représentant de l'autorité contractante (...)*».

Le principe du « *recours effectif* » implique que des garanties et mesures importantes soient prises par les Etats membres pour le rendre possible et lui donner une portée considérable. Justement, le caractère suspensif de ce recours préalable peut être inscrit dans ce cadre.

Dès réception d'un recours préalable, l'Autorité contractante devra suspendre la procédure de passation jusqu'à sa décision qui devra intervenir au plus tard dans les trois (3) jours ouvrables qui suivent sa saisine.

En pratique, on peut constater que les Autorités contractantes choisissent assez souvent de ne pas répondre aux recours préalables. Une telle situation ne doit absolument pas pousser les opérateurs économiques candidats, ou soumissionnaires, d'en arriver à la conclusion qu'un tel recours serait inutile et de saisir directement en conséquence le CRD de l'ARCOP.

1.1.2. Bien appréhender et comprendre les actes et aspects de la procédure attaquables

Tout opérateur économique qui veut introduire un recours préalable lors de la phase de la passation d'un marché public doit être conscient que les rédacteurs du Code des marchés publics ont énuméré limitativement les actes et aspects de la procédure attaquables.

En effet, aux termes de l'alinéa 2 de l'article 89 du code des marchés publics, « *Ce recours peut porter sur la décision d'attribuer ou de ne pas attribuer le marché, les conditions de publication des avis, les règles relatives à la participation des candidats et aux capacités et garanties exigées, le mode de passation et la procédure de sélection retenus, la conformité des documents d'appels d'offres à la réglementation, les spécifications techniques retenues, les critères d'évaluation (...)*».

Ces différents points sont examinés ci-après, en fonction des phases de la procédure de passation du marché.

a. Dans la phase de publication

Certains points relevant de la phase de publication des avis peuvent bien être attaqués par les candidats quand ils estiment qu'ils portent atteinte aux principes fondamentaux de la commande publique comme, par exemple, la mise en concurrence effective, le libre accès à la commande publique ou, encore, l'égalité de traitement des candidats.

Revenant à l'alinéa 2 de l'article 89 ci-dessus, on peut viser notamment, les conditions de publication des avis (**1**) et les règles relatives à la participation des candidats et aux capacités et garanties exigées (**2**).

i. Les conditions de publication des avis

Les irrégularités qui peuvent être attaquées ici dans le cadre d'un recours préalable peuvent se rapporter aux procédés de publication utilisés par l'Autorité contractante et qui ne respecteraient pas les règles définies à l'article 56 du code des marchés publics.

Plus concrètement, un contentieux peut-être soulevé si, par exemple, un candidat considère que :

- la publicité est insuffisante, c'est-à-dire pas suffisamment large,
- le contenu de la publicité est incomplet,
- les conditions techniques de publicité électronique utilisées par l'Autorité contractante sont discriminatoires,

- la procédure ne figure pas sur le Plan de Passation des Marchés Publics ou sur l'Avis général publié précédemment sans qu'on ne soit dans le cadre des dérogations prévues à l'article 76.2 du code des marchés publics,
- etc.

Aux termes de l'article 56.3 du code des marchés publics, « *Les avis généraux de passation des marchés et les avis d'appel public à la concurrence sont publiés sur le portail officiel des marchés publics et au moins dans un journal quotidien de grande diffusion (...)* ».

Bien étendu, sont visés ici les marchés dont les montants estimés atteignent les seuils visés à l'article 53 du code. Un contentieux peut être légitimement soulevé par le candidat potentiel qui estime que l'avis n'a pas été publié sur le portail officiel des marchés ou, même si la publication a eu lieu sur ce site, l'Autorité contractante choisit de le faire paraitre uniquement dans un quotidien de faible diffusion. L'objectif recherché par cette disposition est de garantir une mise en concurrence effective avec une information diffusée le plus largement possible pour intéresser le maximum de candidats potentiels.

Il est précisé aux opérateurs économiques qu'ils n'auront pas raison d'introduire devant la PRM d'une commune, un recours préalable pour violation des règles de publicité quand l'article 79 du code des marchés est applicable, puisque celui-ci dispose :

« *Les marchés passés par les communes dont le budget ne dépasse pas un seuil fixé par arrêté du Ministre chargé des Finances, peuvent faire l'objet de procédures allégées, comportant* ***en particulier des formalités de publicité et des cahiers des charges adaptés****, dans le respect des principes posés par le présent décret et conformément aux modalités fixées par Arrêté du Ministre chargé des Finances* ».

En application de cet article 79, l'article 3 de l'arrêté n° 00863 du 22 janvier 2015 dispose :

« Pour la passation des marchés de travaux de montants estimatifs inférieurs à 50 millions FCFA TTC, ainsi que des marchés de fournitures et services (à l'exclusion des marchés de prestations intellectuelles) de montants estimatifs inférieurs à 25 millions FCFA TTC, les autorités contractantes visées à l'article premier ci-dessus publient par affichage public, à la fois au niveau de leurs sièges, de ceux des préfectures ou sous-préfectures dont elles relèvent, et des chambres de métiers couvrant leurs localités, les avis généraux et spécifiques de passation de marchés, ainsi que les avis d'attribution provisoire et définitive ».

Une commune qui se trouve exactement dans ce cadre précisé par la disposition ci-dessus peut se passer des conditions de publicité prévues à l'article 56 du code des marchés et opter donc pour des modalités beaucoup plus adaptées. Dans une telle situation, le recours préalable ne serait pas justifié.

Mais, si le budget de la commune est inférieur à 300 millions de francs CFA, avec des prestations aux montants inférieurs à ceux précisés ci-dessus, et que la commune choisit une publicité allégée alors que le marché envisagé n'est pas imputable à son budget, un recours préalable pourra être introduit auprès de l'Autorité contractante.

En outre, pour en revenir aux prescriptions de l'article 56 du code des marchés publics, même si la publicité effectuée par l'Autorité contractante respecte les règles relatives aux supports exigés ci-dessus, elle doit être la plus complète possible et indiquer au moins :

- l'objet du marché,
- le type de procédure choisi,
- le lieu où on peut prendre connaissance des cahiers des charges ou les modalités d'obtention de ces documents,
- le lieu et la date limite de réception des offres,
- le délai pendant lequel les candidats sont tenus par leurs offres,

- les justifications à produire concernant la qualification et les capacités techniques et financières exigées des candidats,
- la date et le lieu d'ouverture des plis,
- la source de financement du marché,
- le montant de la garantie de soumission à constituer.

Le principe de la publication de l'avis est d'informer efficacement et utilement les candidats potentiels. Si la publication ne contient pas l'une de ces informations essentielles, le candidat qui y a intérêt peut saisir l'Autorité contractante d'un recours préalable, selon les modalités exposées ci-dessous.

Comme déjà indiqué précédemment, un recours préalable à la saisine du CRD de l'ARCOP peut également être soulevé si la procédure ne figure pas sur le Plan de Passation des Marchés Publics ou sur l'Avis général publié alors qu'on n'est pas dans le cadre des dérogations prévues à l'article 76.2 du code des marchés publics. L'article 6 du code des marchés indique très clairement ceci : « *A l'exception des marchés prévus à l'article 76.2, les marchés passés par les autorités contractantes sont inscrits dans les plans de passation des marchés, à peine de nullité* ».

Dès lors, avant de saisir l'Autorité contractante d'un recours préalable, l'opérateur économique concerné devra s'assurer qu'on n'est pas dans l'un des cas prévus par cet article 76.2, avec notamment des prestations dont l'objet ou les circonstances sont incompatibles avec une mesure de publicité. Il s'agit en l'occurrence :

- des marchés dits secrets ou dont l'exécution doit s'accompagner de mesures particulières de sécurité ou pour lesquels la protection des intérêts essentiels de l'Etat l'exige,
- des marchés relevant d'une urgence impérieuse,
- des marchés passés dans le cadre des mesures de mobilisation générale et de mise en garde.

ii. <u>Les règles relatives à la participation des candidats et aux capacités et garanties exigées</u>

Les conditions de participation mentionnées ainsi que les moyens de preuve acceptables sont indiqués par l'Autorité contractante dans l'avis d'appel à la concurrence ou dans l'invitation à confirmer l'intérêt ou, en l'absence d'un tel avis ou d'une telle invitation, dans les documents de la consultation. Ces indications sont précisées au point e) de l'article 66 du code des marchés publics qui parle de *« justifications à produire concernant les qualités et capacités exigées des candidats »*.

La règle est que quand l'Autorité contractante décide de fixer des niveaux de capacité, elle ne peut exiger que des niveaux minimaux liés et proportionnés à l'objet du marché public ou à ses conditions d'exécution. Les exigences indiquées dans l'avis publié ne doivent pas être disproportionnées ou orientées de telle sorte qu'elles excluraient d'emblée certaines catégories d'opérateurs économiques.

On voit donc que dès la phase de publication, un contentieux peut bien être soulevé si un candidat potentiel estime que le contenu de l'AAPC contient des éléments discriminatoires par rapport à la participation ou aux capacités et garanties exigées.

On le voit, très souvent, les Autorités contractantes exigent que les candidats établissent qu'ils ont eu à exécuter au moins deux (02) marchés similaires. S'il est tout à fait légal de formuler une telle exigence (alinéa 1 de l'article 44 du code des marchés publics), il n'en demeure pas moins que lorsqu'elle a pour effet de restreindre l'accès au marché à des entreprises de création récente, elle doit être objectivement rendue nécessaire par l'objet du marché et la nature des prestations à réaliser.

Outre cette exigence, les Autorités contractantes demandent également que les candidats produisent, au titre de chacune des trois (3) dernières années, par exemple, un chiffre d'affaires égal au moins à un montant précis.

Certaines catégories d'opérateurs peuvent bien être défavorisées par une telle exigence. C'est pourquoi, une entreprise nouvellement créée devrait être admise à produire d'autres documents de nature à établir ses capacités financières. C'est le cas par exemple d'un bilan d'ouverture ou un autre document établi par un établissement bancaire agréé précisant que l'opérateur dispose d'une ligne de crédit de nature à établir de capacités financières suffisantes.

La même démarche peut bien être appliquée aux exigences sur les marchés similaires, pour établir la capacité technique de l'entreprise. La preuve des marchés similaires devrait être remplaçable par tout document de nature à établir le profil technique, l'expérience et la formation du Personnel clé proposé ; l'idée est en effet de convaincre l'Autorité contractante sur l'expertise et le savoir-faire que met en avant l'entreprise candidate.

Il faudrait donc susciter, par le contentieux ainsi soulevé, une discussion sur l'admissibilité de documents fiables, certes différents de ceux indiqués dans l'avis, mais qui sont de nature à établir les capacités techniques ou financières des candidats dans leur ensemble, et non pas seulement des entreprises nouvellement créées.

Il est important, de par la pratique contentieuse, que l'absence de références relatives à l'exécution de marchés similaires ou des capacités financières inférieures à celles exigées dans l'AAPC ne puisse, à elle seule, justifier l'élimination d'un candidat.

Par ailleurs, et évidemment, un contentieux peut être soulevé dès la parution de l'avis si celui-ci contient un critère de localisation géographique des entreprises, pour pouvoir participer à la procédure. Une telle exigence constituerait une discrimination géographique à la fois pour les entreprises sénégalaises dont le siège social est en dehors des limites territoriales de l'Autorité contractante concernée, et aussi pour les entreprises ressortissantes d'un autre Etat membre de l'UEMOA, en application du principe de non-discrimination communautaire.

b. Dans le choix de la procédure par l'Autorité contractante

Le mode de passation et la procédure de sélection retenus et indiqués par l'Autorité contractante peuvent aussi être attaqués par tout candidat potentiel qui y a intérêt, quand ils les estiment contraires aux prescriptions réglementaires.

En effet, la commande publique implique une neutralité et une mise en concurrence la plus large possible. C'est pourquoi l'article 60.3 du code des marchés publics dispose très clairement que « *L'appel d'offres ouvert constitue le mode de passation des marchés auquel les autorités contractantes doivent recourir par principe. Il ne peut être dérogé à ce principe que dans les conditions stipulées au présent décret* ».

Dès lors, à chaque fois qu'une Autorité contractante déroge au principe de l'appel d'offres ouvert, les circonstances de l'acquisition des prestations et les caractéristiques de celles-ci doivent le justifier.

Concernant par exemple l'appel d'offres restreint, la question posée fréquemment consiste à savoir comment les candidats non retenus dans la liste arrêtée par l'Autorité contractante peuvent être au courant de l'existence de la procédure. En effet, comme l'indique l'article 73 du code des marchés publics, « *L'appel d'offres est dit restreint lorsque seuls peuvent remettre des offres les candidats que la personne responsable du marché a décidé de consulter (..)* ».

Ni l'appel d'offres, ni la liste restreinte ne fait l'objet de publicité. Seulement, il ne faudrait pas oublier que l'appel d'offres restreint peut bien figurer (sauf quand elle est justifiée par une urgence impérieuse) dans le Plan de Passation des Marchés publié par l'Autorité contractante. Partant de là, outre les autres possibilités, les opérateurs non retenus dans la liste restreinte peuvent bien donc être au courant du lancement de la procédure et de l'objet des prestations envisagées par l'Autorité contractante.

Un opérateur économique peut considérer que le choix de l'appel d'offres restreint n'est pas justifié car :

i. soit aucune circonstance particulière ou une urgence impérieuse n'est établie ;

ii. soit, même si un retard préjudiciable (à prévenir) était réel ou qu'un danger s'avérerait imminent, une telle situation résulterait d'un laxisme et d'un manque d'anticipation de l'Autorité contractante,

iii. soit les prestations envisagées ne sont pas exécutées uniquement à titre de recherches, d'essais, d'expérimentation ou de mise au point ;

iv. soit on n'est pas en présence d'un marché que l'Autorité contractante doit faire exécuter en lieu et place des titulaires défaillants ;

v. soit il ne s'agit pas d'un marché qui a précédemment donné lieu à un appel d'offres infructueux

En invoquant l'un de ces cas, l'opérateur considère dans son recours que le choix de l'appel d'offres restreint serait injustifié et que l'Autorité contractante aurait dû recourir à l'appel d'offres ouvert.

La même démarche peut être adoptée pour contester le recours à une procédure d'entente directe quand un opérateur économique considère que le choix de l'Autorité contractante n'est pas justifié au regard des conditions posées à l'article 76 du code des marchés publics[9].

c. Après l'acquisition du DAO

Après avoir acquis le DAO, les candidats procèdent à leur examen aux fins de préparer leurs candidatures et offres. De cet examen, peuvent ressortir des points du DAO qui pourraient justifier l'introduction d'un recours préalable. Nous avons retenu ci-après les points du DAO qui font très souvent l'objet d'un contentieux, en l'occurrence :

---

[9] Voir infra, pages 77 et s.

- leur conformité par rapport à la réglementation,
- les spécifications techniques retenues,
- les critères d'évaluation.

i. La conformité du DAO à la réglementation

A l'acquisition du DAO pour préparer sa soumission, il n'est pas exclu que le candidat trouve certains points non-conformes à la réglementation, notamment à l'article 58 du code des marchés publics. De manière plus précise, la contestation soulevée par le candidat peut être justifiée par l'absence ou le caractère incomplet de l'un des éléments suivants :

- les pièces relatives aux conditions de l'appel à la concurrence : la référence à l'avis d'appel d'offres ou à l'avis d'appel à candidatures, ou la lettre de consultation, ainsi que le règlement de la procédure, sauf si les informations figurant dans l'avis d'appel à la concurrence sont suffisantes eu égard à la procédure et au marché concernés ;

- les pièces constitutives du futur marché, notamment : projet, date de soumission, cahier des prescriptions spéciales, cahier des clauses administratives générales, cahier des clauses techniques générales, autres pièces requises en fonction de l'objet du marché ;

- des informations communiquées par l'autorité contractante à titre indicatif en vue de faciliter l'établissement de leurs offres par les candidats, qui ne sont pas des pièces constitutives du marché.

La règle est que le DAO doit être complet aux fins de permettre aux candidats de disposer de toutes les informations utiles à leur future soumission. Mais il faut reconnaitre qu'un contentieux pour un DAO incomplet est plutôt rare puisque les Autorités contractantes disposent de documents types bien élaborés, mis à leur disposition par l'ARCOP.

ii. Les spécifications techniques retenues

L'Autorité contractante doit toujours décrire de façon claire, précise et objective, les fournitures, services, travaux ou prestations intellectuelles qu'elle entend acquérir.

Le contentieux soulevé par le candidat peut être lié à l'inobservation, par l'Autorité contractante, des prescriptions de l'article 7 du Code des marchés publics qui dispose que « *Les travaux, fournitures et prestations de services qui font l'objet d'un marché public ou d'une délégation de service public sont définis par référence aux normes, agréments techniques ou spécifications nationaux ou communautaires, ou, à défaut, par référence à des normes, agréments techniques ou spécifications internationaux (...)* ».

L'introduction d'un recours préalable à ce niveau contentieux n'est pertinente que si l'une des trois conditions prévues par cette disposition n'est pas réunie :

> « *Les normes, les agréments techniques ou les spécifications techniques nationaux, communautaires ou à défaut internationaux, ne contiennent aucune disposition concernant l'établissement de la conformité ou s'il n'existe pas de moyens techniques permettant d'établir de façon satisfaisante la conformité d'un produit à ces normes, à ces agréments techniques ou à ces spécifications techniques communes* » ;
>
> « *Ces normes, ces agréments techniques ou ces spécifications techniques nationaux, communautaires ou à défaut internationaux, imposent l'utilisation de produits ou de matériaux incompatibles avec des installations déjà utilisées par l'autorité contractante, ou entraînent des coûts disproportionnés ou des difficultés techniques disproportionnées, mais uniquement dans le cadre d'une stratégie clairement définie et consignée en vue d'un passage, dans un délai déterminé, à des normes, à des agréments techniques ou à des spécifications*

techniques nationaux, communautaires ou internationaux »;

« *Le projet concerné constitue une véritable innovation pour laquelle le recours à des normes, à des agréments techniques ou à des spécifications techniques nationaux, communautaires, ou à défaut internationaux existants serait inapproprié* ».

En faisant référence aux normes, agréments techniques ou spécifications au niveau national ou dans l'espace UEMOA, cette disposition cherche à préserver les chances des entreprises nationales et communautaires.

Dans la définition des spécifications techniques, l'Autorité contractante devra nécessairement, le cas échéant, respecter le cadre de ces dérogations, à défaut, un contentieux pourra être légitiment soulevé par tout candidat qui y a intérêt. Cela suppose cependant un examen très attentif du DAO aux fins de pouvoir bien comprendre les caractéristiques des prestations envisagées et de les confronter aux spécifications techniques définies par l'Autorité contractante.

Par ailleurs, un contentieux peut également être soulevé si, dans la définition des spécifications techniques, l'Autorité contractante, sans que l'objet du marché ne le justifie, se réfère à des produits d'une fabrication ou d'une provenance déterminée.

En outre, en se fondant sur cet article 7 toujours, un recours préalable peut également être introduit si, à l'examen du DAO, l'opérateur constate que l'Autorité contractante se réfère à des marques, des brevets ou des types, des numéros de catalogue ou à une origine ou une production déterminée, sans pour autant admettre des propositions « *équivalentes* ».

Ces règles, qui justifient qu'un recours soit introduit, ont pour but d'éviter qu'il y ait des marchés orientés pour un opérateur déterminé, excluant ainsi toutes les entreprises intéressées par la procédure.

Nous le verrons plus loin, sur ce point, les problématiques juridiques posées par le recours, sont liées aux principes de la mise en concurrence effective, d'égal accès à la commande publique et d'égalité de traitement des candidats.

iii. Les critères d'évaluation

Le contenu du DAO peut être aussi attaqué au regard des critères d'évaluation retenus par l'Autorité contractante. Les manquements ne peuvent être décelés qu'au moyen d'un examen attentif du DAO et d'une bonne compréhension du secteur d'activités concerné par le marché public envisagé. Ces critères doivent être objectifs, non discriminatoires et justifiés par l'objet et l'ampleur des prestations.

Même si l'article 59 du code des marchés publics évoque le critère du *« prix le plus bas »* ou celui-ci combiné à d'autres, tels que *« le coût d'utilisation, les performances techniques, les mesures de protection de l'environnement, le délai de livraison ou d'exécution »*, il faut savoir que les Autorités contractantes ont la possibilité de rajouter d'autres critères, du moment où ils sont justifiés par les caractéristiques du marché.

A chaque fois qu'un critère d'évaluation interpelle un candidat qui vient d'acquérir le DAO, deux questions peuvent se révéler pertinentes : *« est-ce que le critère a un rapport avec les prestations envisagées ? »*, *« est-ce que le critère est proportionné par rapport aux prestations ? »*.

De telles questions posent la problématique de l'objectivité des critères d'évaluation et il est recommandé de les soulever, le cas échéant, à l'examen du DAO, avant la soumission, plutôt que d'attendre que l'offre ne soit pas retenue pour les attaquer ensuite *a posteriori*.

Un candidat peut donc contester dans son recours préalable un critère qu'il juge dépourvu de tout lien avec l'objet du marché.

Toujours avant la soumission, un candidat peut également dénoncer le manque d'objectivité d'un critère qui traduirait une exagération de l'Autorité contractante dans les éléments qu'elle compte prendre en compte pour l'attribution du marché.

Par ailleurs, le recours préalable peut aussi porter sur des critères d'attribution jugés vagues, aléatoires ou imprécis. Au-delà de leur interdiction, le risque de tels critères, est qu'ils offrent une « liberté inconditionnée » à l'Autorité contractante, source d'abus potentiels dans leur application.

d. Dans la phase d'attribution du marché

A ce stade de la procédure, l'opérateur ne soulève plus un contentieux en qualité de candidat, mais plutôt en tant que soumissionnaire non retenu.

Le contentieux soulevé à ce stade peut, par exemple, porter sur l'application d'un critère qui n'était prévu dans le DAO ou dans les documents de la consultation. Une telle situation constituerait une atteinte aux principes de mise en concurrence effective et de transparence. Sur ce point, l'article 59 du code des marchés publics dispose très clairement que les critères « *doivent être énumérés dans le dossier d'appel à la concurrence (...)*».

Par ailleurs, toujours dans cette phase de la procédure, le recours préalable peut porter sur « la décision d'attribuer ». Le soumissionnaire requérant peut estimer, par exemple, que l'offre retenue n'est pas la moins-disante au regard des critères d'évaluation définis dans le DAO ou dans les documents de la consultation. Une telle contestation doit se faire selon une argumentation rigoureuse exposée ci-dessous[10].

Le soumissionnaire requérant peut également contester la décision prise par l'Autorité contractante, de ne pas attribuer le marché. C'est le cas par exemple quand l'Autorité contractante considère que la procédure est infructueuse alors que les conditions visées à l'alinéa 1er de l'article 64 ne sont pas réunies. Le requérant cherchera à démontrer ainsi qu'il y a bien des offres recevables ou conformes et que l'Autorité contractante se devait de les évaluer aux fins d'attribution.

1.2. La construction de l'acte de saisine

C'est une étape très importante dans le processus de contestation. En effet, il serait particulièrement dommage et

[10] Voir infra, p.74 et s.

regrettable d'avoir peut-être raison sur le fond, avec un marché public aux enjeux financiers non-négligeables, et compromettre ses chances de succès parce que soit les conditions de recevabilité n'ont pas été respectées (**1.2.1**), ou que le recours a été mal rédigé **(1.2.3).**

1.2.1. Veiller à préserver la recevabilité de son recours

Avant toute chose, l'opérateur économique doit justifier d'un intérêt et d'une qualité à agir (**a**) et introduire son recours gracieux ou hiérarchique dans les délais (**b**).

a. L'intérêt et la qualité à agir

Concernant l'intérêt à agir, il convient de dire, en des termes simples que n'importe qui ne peut soulever une action en contestation devant l'Autorité contractante ou son supérieur hiérarchique. La formule est connue : « pas d'intérêt pas d'action ». Cet intérêt doit être actuel. En d'autres termes, il doit exister au jour où l'opérateur économique agit et ne pas constituer une simple éventualité.

Si le contentieux est soulevé dès la publication de l'AAPC, cet intérêt à agir s'appréciera au regard du rapport direct qu'il y a entre l'objet du marché envisagé et l'objet social de l'entreprise requérante. Cet intérêt doit être direct. Une entreprise spécialisée dans le graphisme et l'impression n'a aucun intérêt à agir dans une procédure de marché de travaux publics portant sur la construction d'un ouvrage, par exemple.

Cet intérêt à agir ne pose pas de difficultés quand l'entreprise qui introduit le recours est celle qui a acquis le DAO ; en effet, il est difficilement concevable qu'une entreprise non intéressée par un marché achète le DAO y afférent.

En revanche, une entreprise n'ayant pas acquis le DAO ne peut pas saisir l'Autorité contractante ou son supérieur hiérarchique d'un recours portant sur le contenu de ceux-ci. Dans ce cas de figure, l'intérêt à agir n'est pas établi.

Si la contestation est soulevée par rapport à l'attribution d'un marché passé par appel d'offres ouvert, les soumissionnaires non retenus ont évidemment un intérêt à agir contre la procédure. La question est plus pertinente dans le cas des procédures restreintes ou sans concurrence (l'entente directe notamment). L'opérateur non retenu dans la liste restreinte ou avec lequel les discussions n'ont pas été engagées (entente directe) doit établir que, de par l'objet de ses activités, il avait intérêt à participer à la procédure.

Concernant les sous-traitants engagés dans la candidature d'une entreprise qui a soumissionné ou qui a manifesté l'intention de le faire en acquérant le DAO, ont-ils un intérêt à agir contre la procédure ?

La réponse ne se trouve pas dans le code des marchés publics. Pour répondre convenablement à cette question, il importe de préciser qu'il faut toujours analyser la problématique au cas par cas car la seule qualité de sous-traitant ne suffit pas, à elle seule, à établir l'intérêt à agir.

Si l'offre du candidat repose essentiellement sur les capacités du sous-traitant, l'intérêt à agir de celui-ci peut être établi et mériterait d'être apprécié à sa juste valeur en admettant la possibilité qu'il soit lésé par tel ou tel autre aspect de la procédure.

Concernant la qualité à agir, elle est souvent occultée mais a tout de même son importance sur le plan procédural. L'entreprise qui souhaite entreprendre une action en contestation doit évidemment exister juridiquement. L'exigence d'un intérêt légitime et d'une qualité à agir, conditionne fortement l'existence du droit d'agir. En principe, la structure qui justifie d'un intérêt légitime peut, en prenant l'initiative d'une demande, obtenir une décision sur le fond de ses prétentions si son recours est recevable. Le recours devra être signé par son représentant légal ou par toute autre personne de l'entreprise qui bénéficie d'une délégation de pouvoir ou de signature à cet effet ; ladite délégation devra naturellement être produite parmi les pièces à joindre au recours.

L'entreprise peut aussi se faire assister par un avocat, lequel, s'il n'a pas besoin d'un mandat, produira tout élément de nature à établir de l'existence juridique de celle-ci. La preuve de l'existence juridique de l'entreprise se pose avec plus de pertinence quand le contentieux est né avant la soumission. En effet, si ce contentieux est postérieur à la soumission, on suppose que l'entreprise a déjà transmis ces éléments dans le cadre de sa candidature.

b. Au niveau des délais de recours

Aux termes de l'alinéa 3 de l'article 89 du code des marchés publics, ce recours gracieux ou hiérarchique préalable « *doit être exercé dans un délai de cinq (5) jours francs et ouvrés à compter de la publication de l'avis d'attribution provisoire du marché, de l'avis d'appel à la concurrence ou de la communication du dossier d'appel à la concurrence* ». Il faut évidemment veiller à ne pas se tromper sur le décompte des délais et ne pas se méprendre sur les notions de jours « ouvrables », « calendaires », « ouvrés » ou « francs ».

On considère comme « ouvrables » les jours consacrés au travail, c'est-à-dire tous les jours du calendrier à l'exception des jours correspondant au repos hebdomadaire légal et des jours fériés. Il faut savoir que si un délai exprimé en jours ouvrables expire un jour non ouvrable, il est prolongé jusqu'au jour ouvrable suivant.

Les "jours calendaires" correspondent à la totalité des jours du calendrier de l'année civile, du 1er janvier au 31 décembre (soit 365,25 jours par an ou 7 jours par semaine), y compris les jours fériés ou chômés.

Il ne faut pas confondre « jour ouvrable » et « jour ouvré » et c'est ce dernier terme qu'utilise l'article 89 précité. Les jours ouvrés sont les jours réels d'ouverture de l'entreprise ou de l'administration, c'est-à-dire, dans la majorité des cas, du lundi au vendredi inclus. Une semaine comporte donc généralement 5 jours ouvrés et 6 jours ouvrables.

L'article 89 précité précise en outre que ces délais sont « *francs* ». Un délai calculé en jour franc ne tient pas compte du jour de la décision à l'origine du délai, ni du jour de l'échéance. Si le délai s'achève un samedi, un dimanche ou jour férié, il est reporté d'un jour.

Dès lors, le décompte ne prendra pas en compte le jour de la publication de l'avis d'attribution provisoire du marché, de l'avis d'appel à la concurrence ou de la communication du dossier d'appel à la concurrence.

1.2.2. Veiller à la rigueur dans la rédaction du recours

L'opérateur économique qui introduit un recours préalable se doit de procéder avec rigueur sur la présentation de son acte (**a**) et sur l'argumentation qu'il développe au soutien de sa présentation (**b**).

a. Présentation du recours

Le recours gracieux ou hiérarchique doit se faire selon des conditions de forme et de fond précises. Le premier alinéa de l'article 89 du code des marchés publics indique que ce recours doit se faire « *par une notification écrite indiquant les références de la procédure de passation du marché et exposant les motifs de sa réclamation par une lettre recommandée avec demande d'avis de réception ou déposée contre récépissé* ».

Les opérateurs économiques doivent donc être conscients que l'Autorité contractante saisie du recours vérifiera si celui-ci a bien respecté ces conditions, outre celles indiquées dans le paragraphe ci-dessus.

Tout manquement de la part du requérant, sur les conditions de forme et de procédure sera sanctionné d'une décision de rejet de son recours. Ces conditions sont rappelées ci-dessous :

i. Une présentation du requérant (les nom, prénom ou raison sociale et adresse du requérant) : bien évidemment, tout requérant doit être identifiable aisément et l'on ne peut concevoir un recours anonyme qui s'apparenterait à une dénonciation relevant de la compétence exclusive de l'ARCOP,

ii. Une désignation de la procédure et de l'Autorité contractante visées : il faudra notamment viser les références de la procédure tout en reprenant avec exactitude, la dénomination exacte de l'Autorité contractante à l'origine de la procédure. S'il s'agit plutôt d'une entente directe et que le requérant n'a aucune connaissance exacte des références de la procédure, il peut se limiter à préciser l'objet des prestations.

iii. L'exposé des éléments factuels,

iv. L'exposé des prétentions et des moyens de droit,

Ces deux points du recours préalable seront développés davantage ci-après.

v. La date et la signature

vi. La production des pièces éventuelles

A ce stade, le requérant pourra produire toute pièce utile, comme : l'AAPC, un extrait pertinent du DAO ou des documents de la consultation, une décision du CRD ou de justice, etc. En cas de délégation de signature ou de pouvoir pour le signataire du recours, il est essentiel de produire l'acte établissant ladite délégation.

b. Articuler le recours autour des prétentions et des moyens de droit et de fait pertinents

L'erreur à éviter pour tout opérateur économique est de considérer de simples échanges avec une Autorité contractante comme étant une procédure qui matérialise l'exercice d'un recours préalable. Une demande d'information ou d'éclaircissement n'est pas un recours préalable.

L'alinéa 2 de l'article 89 du code des marchés publics exige que l'auteur du recours préalable invoque « *une violation caractérisée de la réglementation des marchés* publics ». Pour cela, le recours doit nécessairement comporter les éléments exposés ci-après.

Un exposé des éléments factuels qui consiste à aller à l'essentiel en reprenant l'objet du marché envisagé, les dates clefs de la procédure déroulée et les points autour desquels le contentieux s'articule.

Il faudra en outre procéder à un exposé des moyens de droit en développant les éléments juridiques qui, selon le requérant, fonde l'irrégularité de la procédure. En pratique, si le requérant ne connait pas exactement l'article pertinent du code ou de l'un de ses textes d'application, il peut se contenter de faire le lien entre les aspects de la procédure qu'il conteste et la nécessité de respecter les principes de mise en concurrence effective, d'égal accès à la commande publique, d'égalité de traitement des candidats ou de transparence. Une telle démarche suffit pour respecter l'exigence posée à l'article 89 ci-dessus. Bien évidemment, le requérant devra préciser ses prétentions dans le recours. Il s'agit de la partie dans laquelle le candidat ou le soumissionnaire auteur du recours, précise ce qu'il attend de l'Autorité contractante, ou de son supérieur hiérarchique.

Le recours (et l'ensemble des éléments qu'il comporte) devra être transmis à l'Autorité contractante, ou à son supérieur hiérarchique, par tout moyen permettant de déterminer la date certaine de sa réception par son destinataire. Il pourra s'agir ainsi d'un envoi d'une lettre recommandée avec accusé de réception, ou d'un dépôt sur place contre remise d'un récépissé dûment signé et daté. Ces précisions sont importantes car elles permettent de déterminer le point de départ du délai de réponse dont dispose l'Autorité contractante, ou son supérieur hiérarchique, en application du dernier alinéa de l'article 89 du code des marchés publics.

1.2.3. Le cas des marchés à passer en application d'accords de financement

En matière de contestation, il est recommandé aux opérateurs économiques, au regard des intérêts en jeu, de prêter attention à toutes les dispositions du code des marchés publics et de ses textes d'application. On peut considérer, par exemple, le cas d'un contentieux lié à un marché qu'une Autorité contractante passe en application d'accords de financement, prévus à l'article 3-1 du code précité.

Pour ces marchés, à chaque fois qu'une contestation est soulevée par un opérateur économique, il est recommandé à celui-ci d'informer l'organe partenaire qui apporte le financement pour l'Autorité contractante **(a)** ; une telle initiative peut comporter un intérêt réel **(b)**.

a. Penser à informer le partenaire financier de l'Autorité contractante

A chaque fois qu'un marché public est financé totalement, ou en partie, par un partenaire au développement, son identité est renseignée dans l'AAPC ou dans les documents de la consultation, en fonction de la procédure retenue par l'Autorité contractante.

Si un opérateur économique considère que des irrégularités ont été commises par l'Autorité contractante dans le cadre de ces marchés, il peut, outre la saisine de l'Autorité contractante, notifier le recours gracieux au partenaire de celle-ci. D'ailleurs, en fonction des règles définies par ce partenaire au développement, cette notification peut être obligatoire.

Cette notification peut se faire soit par envoie d'un courrier postal avec accusé de réception, ou par voie électronique. Pour que cette notification soit utile, il est recommandé de l'effectuer concomitamment à l'introduction du recours préalable en prenant soin d'y joindre toutes les pièces justificatives nécessaires à la parfaite information de ce partenaire financier.

Enfin, il est conseillé d'informer l'Autorité contractante et / ou son supérieur hiérarchique de cette notification adressée au partenaire financier.

b. L'intérêt d'informer le partenaire financier de l'Autorité contractante

Même s'il faut reconnaitre qu'on n'y pense pas systématiquement, le défaut de saisine de ce partenaire financier en complément du recours préalable peut avoir des conséquences regrettables sur la suite éventuelle de la procédure devant le Comité de Règlement des Différends.

L'article 3-1 du code des marchés publics dispose que *« Les marchés passés en application d'accords de financement ou de traités sont soumis aux dispositions du présent décret, sous réserve de l'application de dispositions contraires résultant des procédures prévues par lesdits accords ou traités internationaux »*.

Sur ce point, l'exemple de l'affaire à l'origine de la décision n°115/10/ARMP/CRD du 1er septembre 2010 est particulièrement éloquent. Dans cette affaire, un opérateur dont l'offre n'a pas été retenue pour le lot auquel il avait soumissionné avait saisi le CRD en contestation de la décision prise par la commission des marchés de l'ONAS.

En l'espèce, le marché litigieux était financé sur les ressources du Fonds Européen de Développement et avait, pour Maître d'ouvrage, le Ministère de l'Economie et des Finances, Ordonnateur national du FED.

Conformément à la procédure de règlement des litiges qui lui sont soumis, le CRD a commencé par examiner la recevabilité du recours ;

Sur cette question, il a rappelé les dispositions du nouvel article 25 du Code des obligations de l'administration, lequel dispose *« les règles régissant la préparation, la passation, l'approbation, l'exécution et le contrôle des commandes visées à l'article 24, sont fixées par un décret portant Code des marchés publics. Aucune réglementation ou procédure particulière à un acheteur public, à une catégorie de fournitures, services ou travaux ne peut déroger aux règles fixées par le Code des marchés publics ou prises en application de ce code* ».

Le CRD combina alors ces dispositions avec celles de l'article 3.1 du code des marchés publics qui dispose : « *les marchés passés en application d'accords de financement ou de traités internationaux, sont soumis au présent décret (le Code des marchés publics), sous réserve de l'application de dispositions contraires au présent décret résultant des procédures prévues par lesdits accords ou traités internationaux* ».

A partir de là, le raisonnement adopté par l'organe de recours fut le suivant : «*(...) ledit marché est soumis au Code des marchés publics sous réserve de l'application des dispositions contraires prévues par la Décision n°2/2002 du Conseil des Ministres ACP-CE du 07 octobre 2002 relative à la mise en œuvre des articles 28, 29 et 30 de l'annexe IV de l'accord de Cotonou, aux termes de laquelle, « la préparation et la passation des marchés financés sur les ressources du Fonds européen de développement sont régies par la réglementation générale relative aux marchés de travaux, de fournitures et de services financés par le Fonds européen de développement figurant à l'annexe;*

Considérant que selon le paragraphe 8 de la réglementation générale sus visée, en cas d'erreur ou d'irrégularité commise dans le cadre de la procédure de sélection de l'attributaire ou de passation de marché, le soumissionnaire qui s'estime lésé en réfère directement à l'autorité contractante, avec communication à la Commission pour information ».

Ces dispositions instaurent donc une obligation de recours préalable, avec communication obligatoire de la contestation à la structure de financement. Et comme en l'espèce, l'opérateur économique en question n'avait pas satisfait à cette procédure préalable, son recours fut déclaré irrecevable par le CRD[11].

Si les règles prévues par ces partenaires techniques et financiers instituent cette procédure, c'est parce que tout simplement ils privilégient une solution amiable entre les soumissionnaires plaignants et les Autorités contractantes qui bénéficient de leurs concours financiers.

Au-delà de son caractère obligatoire, cette procédure met la pression sur les Autorités contractantes qui bénéficient de ces financements car, en cas d'irrégularités flagrantes et graves, il est fort probable que le partenaire technique et financier émette un avis d'objection, ce qui paralyse la suite de la procédure.

En tout état de cause, c'est uniquement à l'issue de cette procédure préalable, et bien évidemment sous réserve que l'opérateur économique n'obtienne pas gain de cause, qu'il pourra engager la procédure « normale » prévue par les textes nationaux. Dans ce cas, l'accomplissement de cette formalité préalable auprès de l'Autorité contractante et de son partenaire technique et financer devra être apporté au CRD.

2. Le recours devant le Comité de Règlement des Différends

La saisine du Comité de Règlement des Différends est décisive pour le processus de règlement d'un litige se rapportant à la passation d'un marché public. En effet, et il faut le déplorer, les Autorités contractantes gardent très souvent le silence quand elles sont saisies dans le cadre d'un recours préalable. Dans les quelques cas où elles prennent la peine de répondre au requérant,

---

[11] Décision n° 115/10/ARMP/CRD du 1er septembre 2010 du Comité de Règlement des Différends statuant en commission litiges sur le recours de la société FULL TECHNOLOGIES concernant l'appel d'offres n° 9 ACP SE O3 Appui Institutionnel au secteur de l'assainissement et cartographie et ayant pour objet l'achat de fournitures pour la mise en œuvre du système d'information de l'Office National d'Assainissement du Sénégal – ONAS - (lot 2).

la lecture de leur réponse laisse souvent apparaître qu'elles n'ont pas bien examiné la problématique qui leur a été soumise.

Néanmoins, ces remarques préalables ne doivent pas pousser à occulter le fait que, dans certains cas, c'est le requérant qui ne construit pas son recours comme il devrait l'être. Aux fins de guider les opérateurs économiques dans cette phase du contentieux, des précisions seront apportées ici sur :

- les règles formelles et procédurales de saisine du CRD **(2.1)**,
- les règles de rédaction d'une requête et de présentation d'un dossier au CRD **(2.2)**,
- la portée des décisions du CRD **(2.3)**.

2.1. Les règles formelles et procédurales de saisine du CRD

Il est très important que les opérateurs économiques sachent qu'avant que le CRD n'examine le fond d'un recours, il vérifie systématiquement s'il est compétent **(2.1.1)** et si les conditions de recevabilité ont été satisfaites **(2.1.2)**.

2.1.1. La question de la compétence

La compétence de l'ARCOP a été clairement posée par la loi n°2022-07 du 19 avril 2022 modifiant la loi n°65-51 du 19 juillet 1965 portant Code des Obligations de l'Administration. Dans l'exposé des motifs de cette loi, le législateur indique l'ARCOP est « *compétente dans le traitement du contentieux né de la préparation, de l'attribution et de l'exécution des marchés publics (...)* ».

Le CRD de l'ARCOP ne peut être saisi pour n'importe quel contrat. En effet, des décisions de rejet ont été prises par l'organe de recours au motif qu'il n'était pas compétent pour connaître du litige qui lui est soumis.

Dès lors, il est important de préciser que le CRD de l'ARCOP est compétent pour les marchés publics passés par les structures qualifiées d'Autorités contractantes par le Code des marchés publics **(a),** pour ceux conclus par des structures intervenant pour le compte de celles-ci **(b), et** par les organismes dont l'activité est financée majoritairement par des fonds publics **(c).** Sa compétence est toutefois exclue pour des prestations qui sont hors du champ du code des marchés publics **(d).**

a. <u>Les marchés des autorités dites « contractantes »</u>

Tout d'abord, il faut que le litige se rapporte à la passation d'un contrat qualifié de « marché public ». Pour rappel, un marché public est un contrat écrit, conclu à titre onéreux par une Autorité contractante pour répondre à ses besoins en matière de travaux, de fournitures ou de services, ou à des besoins combinant ces différentes catégories.

Il faut donc que le litige soumis au CRD se rattache à une acquisition de l'un de ces besoins, et que l'Autorité contractante agisse dans le cadre de l'exécution de ses missions d'intérêt général. Si l'Autorité contractante agit dans le cadre d'un contrat privé, on n'est pas en présence d'un marché public et cette situation emporte l'incompétence du CRD car de telles prestations n'impliquent pas l'application du code des marchés publics.

Ensuite, l'autre critère est que le marché en question doit être conclu par une structure qualifiée d'Autorité contractante, au sens de l'article 2 du code des marchés publics. Il s'agit notamment des structures suivantes :

- l'Etat, y compris ses services déconcentrés et les organismes non dotés de la personnalité morale placés sous son autorité : pour l'Etat, il s'agit par exemple des marchés passés par les ministères ; comme service déconcentré de l'Etat, on peut donner l'exemple de la Direction Régionale de Développement Rural ou des Directions Régionales de la Douane ; enfin, un organisme non doté de la personnalité morale est une structure qui n'a pas une existence juridique propre, dépourvue d'autonomie organisationnelle et financière.

- les collectivités locales, y compris leurs services déconcentrés et les organismes non dotés de la personnalité morale, placés sous leur autorité, ainsi que les groupements mixtes et les établissements publics locaux : les collectivités locales sont les communes et les départements ; sont aussi des autorités contractantes, les groupements formés par plusieurs collectivités locales pour l'accomplissement de programmes relevant de leurs compétences.
- les établissements publics : on peut citer l'exemple des universités ou des hôpitaux ;
- les agences ou organismes, personnes morales de droit public ou privé, autres que les établissements publics, sociétés nationales ou sociétés anonymes à participation publique majoritaire, dont l'activité est financée majoritairement par l'Etat ou une collectivité locale et s'exerce essentiellement dans le cadre d'activités d'intérêt général ;
- les sociétés nationales et les sociétés anonymes à participation publique majoritaire ;
- les associations formées par les Autorités contractantes listées ci-dessus.

Considérant que les principes fondamentaux qui régissent la commande publique s'appliquent aux achats effectués par ces autorités contractantes, les litiges nés à l'occasion de la passation de ces contrats relèvent de la compétence du CRD.

Cette compétence d'attribution est clairement posée à l'article 31 de la loi n°2022-07 du 19 avril 2022 modifiant la loi n°65-51 du 19 juillet 1965 portant Code des Obligations de l'Administration qui dispose : « *En cas de non-respect des règles relatives à la passation des marchés publics ou des contrats de partenariat public-privé, et sans préjudice des recours gracieux et contentieux, une procédure spéciale de recours non juridictionnel devant un organe créé au sein de l'Autorité de Régulation de la Commande Publique, est ouverte à toute personne qui a participé à une procédure de passation et n'a pas été désigné attributaire (...) ».*

Cet organe est le Comité de Régulation des Différends, en l'occurrence sa chambre compétente pour les marchés publics, qui va donc, selon les règles qui gouvernent l'organisation et le fonctionnement de cette institution, recevoir, enregistrer et traiter les recours exercés par les candidats et soumissionnaires aux marchés publics.

b. Les marchés des structures intervenant pour le compte des Autorités contractantes

Le CRD peut également être compétent pour les litiges nés des procédures d'achat lancées par certaines structures qui n'ont pas la qualité d'Autorité contractante comme celle indiquées ci-dessus. Mais pour cela, il faudrait qu'on soit dans la situation où lesdites structures agissent non seulement pour le compte de ces Autorités contractantes, mais également que les prestations envisagées se rapportent à des missions d'intérêt général dont ces dernières ont la charge (et que lesdites missions soient effectivement qualifiées de marchés publics).

En conséquence, quand bien même la structure agirait pour le compte d'une Autorité contractante, les litiges ne seront pas du ressort du CRD si les prestations envisagées relèvent d'une mission purement privée, ne relevant pas donc de l'intérêt général.

c. Les marchés des organismes dont l'activité est financée majoritairement par des fonds publics

En réalité, le CRD ne sera compétent pour connaître du litige que si les deux conditions suivantes sont réunies : l'activité de ces organismes en question doit être financée majoritairement par l'Etat ou une collectivité locale, et elle doit s'exercer essentiellement dans le cadre de l'intérêt général.

Si de telles prestations sont soumises au code des marchés publics, c'est parce qu'il est tout à fait normal que ces organismes soient soumis aux principes de la commande publique eu égard au fait qu'ils engagent des deniers publics.

d. L'incompétence pour les prestations exclues du champ du code des marchés publics

Pour certaines prestations expressément visées par le code des marchés publics (articles 3.3 et 3.4), le CRD n'est pas compétent pour connaître des litiges nés à l'occasion des procédures de passation y relatives. En effet, pour ces prestations, les Autorités contractantes concernées n'ont pas à appliquer le code des marchés publics. Ces différents cas sont repris ci-après.

i. Les acquisitions aux enchères publiques effectuées par le service du mobilier national

Cette dérogation est expressément prévue à l'article 3.4.a du code des marchés publics et elle permet au service chargé du mobilier national de procéder à des achats aux enchères publiques sans limitation de prix et sans appliquer les procédures prévues par ce texte.

Pour la parfaite information des opérateurs économiques, il est précisé que le « mobilier national » inclut les œuvres d'art[12], comme l'a eu à confirmer le CRD à l'occasion du traitement d'une demande d'avis adressée par le Ministère de la Culture et du Patrimoine. En l'espèce, cette procédure avait pour objet l'acquisition d'œuvres d'art au profit de la Direction du Patrimoine culturel. Selon le CRD :

«(...) la complexité et la particularité de l'objet du contrat d'acquisition font que le processus de conclusion de ce dernier

[12] Avis n° 008/13/ARMP/CRD du 27 novembre 2013 du CRD statuant en commission litiges sur la soumission de la procédure d'acquisition d'œuvres d'art aux règles du code des marches publics.

est incompatible avec bon nombre de règles du Code des marchés publics ;

Considérant que l'article 3.4.a) dudit Code, dans la logique de prendre en compte de telles spécificités, a aménagé une dérogation pour le service chargé du mobilier national qui peut faire des acquisitions aux enchères publiques sans limitation de prix et sans appliquer les procédures prévues par le Code des marchés publics ;

Que le mobilier national, même s'il n'est pas défini par le Code des marchés publics ou par un autre texte juridique en vigueur, ne peut exclure le domaine privé artistique de l'Etat composé, selon l'article 2 du décret n°67-034 du 11 janvier 1967, des objets suivants :

- *les œuvres picturales et fresques ;*
- *les tapisseries d'art ;*
- *les sculptures et bas-reliefs ;*
- *les poteries et céramiques d'art ;*
- *les mosaïques.*

Qu'ainsi, il y a lieu d'admettre que la dérogation de l'article 3.4.a) du Code des marchés publics doit s'appliquer à la procédure d'acquisition d'œuvres d'art au profit de la Direction du Patrimoine culturel ».

En conséquence, du fait de cette dérogation, le litige né à l'occasion de ce type d'acquisition ne peut être soumis au CRD de l'ARCOP.

ii. Les acquisitions effectuées par les missions diplomatiques et consulaires

Pour les ambassades, les consulats et les autres missions de représentation diplomatiques du Sénégal à l'étranger, le code des marchés publics n'est pas applicable à leurs procédures d'achat, ce qui implique l'incompétence du CRD pour connaître des litiges qui en résulteraient.

Cette dérogation pourrait s'expliquer par le fait que ces structures de représentation assurent des intérêts essentiels de l'Etat à l'étranger et que le cœur de leurs activités est marqué très souvent par des informations sensibles, classifiées, et sous le sceau du secret.

A cela, s'ajoute la question des immunités et des privilèges dont bénéficient des institutions et qui font que leurs locaux sont inviolables et que leurs biens et avoirs, où qu'ils se trouvent et quel que soit leur détenteur, sont exempts de perquisition, réquisition, confiscation, ou de toute autre forme de contrainte exécutive, administrative, judiciaire ou législative. Cela pose en effet quelques incompatibilités avec certains aspects de procédures de marchés, notamment sur les contrôles et en cas de contentieux.

Enfin, ces institutions étant à l'étranger, leur soumission au code des marchés publics pour l'acquisition de biens, de services ou de travaux peut poser de réels problèmes pratiques.

iii. Les services d'arbitrage, de conciliation, d'assistance et de représentation juridiques

Les Autorités contractantes n'appliquent pas le Code des marchés publics quand elles entendent recourir à l'une de ces prestations, ce qui implique que le contentieux qui pourrait naître des contrats entre une administration et son prestataire dans ces missions échappent à la compétence du CRD. Toutefois, pour éviter des problèmes d'interprétation et que des missions en rapport avec la chose juridique échappent indûment à l'application du code des marchés publics, il est important que cette dérogation soit bien encadrée, à la fois dans son contenu et son étendue.

Sur ce point, le CRD de l'ARCOP a rendu un avis très intéressant qui apporte de précieuses précisions (avis n° 010/2020/ARMP/CRD/DEF du 22 juillet 2020 sur l'interprétation et la compréhension du dispositif de l'article 3, alinéa 3, a) (i)).

En l'espèce, un consultant avait saisi le CRD d'une demande d'avis sur l'interprétation et la compréhension de cette disposition. L'intéressé, demandeur, indiquait avoir reçu du Délégué Général à la Promotion des Pôles urbains de Diamniadio et du Lac Rose, un marché de mission d'assistance juridique de trois (3) mois. Toutefois, selon son exposé, le Directeur de l'Administration et des Finances (DAF) refusait de formaliser son contrat avec cette structure. Pour le DAF, il s'agit d'un contrat de marché soumis au code des marchés publics.

Sur le fond, le DAF de la DGPU ne niait pas l'existence de cette dérogation, mais il estimait que les prestations concernées par cette disposition qui le prévoit, l'article 3, alinéa 3, a) (i), sont réservées exclusivement aux avocats. En d'autres termes, pour cette autorité, seuls ces derniers peuvent bénéficier de cette dérogation.

Or, pour le demandeur, l'assistance juridique peut être fournie par tout sachant en droit, qu'il soit avocat, professeur d'université, consultant ou autre, au même titre que quelqu'un qui n'est pas avocat, estimait-il encore, peut fournir les services d'arbitrage ou de conciliation à condition d'être agréé par le tribunal, le centre ou la cour d'arbitrage.

Ces deux visions étaient donc très opposées, quant à la compréhension et l'interprétation de cette disposition.

Dans son avis, le CRD commençait par rappeler que « *les services d'arbitrage et de conciliation, ainsi que d'autres modes alternatifs similaires de règlement des conflits, sont habituellement fournis par des organismes ou des personnes dont la spécificité de la règlementation qui régit leurs activités rendrait incompatible toute mesure de publicité et de mise en concurrence, sans oublier le caractère intuitu personae de ces prestations et de la nécessité d'en garantir, à ce state, la confidentialité.*

Plus spécifiquement pour la représentation en justice par les avocats, ceux-ci sont régis par des principes relatifs notamment au respect du secret des relations avec leurs clients et à leur indépendance, dont le respect s'impose au pouvoir réglementaire ».

Le CRD en a déduit qu'avec cette disposition, les Autorités contractantes n'appliquent pas le Code des Marchés publics quand elles ont recours, à l'occasion d'un litige les concernant ou de tous autres besoins dans le domaine juridique, aux services d'un arbitre, d'un avocat ou de tout autre professionnel, du moment que les prestations en question relèvent d'une mission d'assistance juridique ou de représentation en justice.

Le CRD prend tout de même le soin de distinguer la représentation en justice des autres missions ou prestations visées à l'article 3.3.a) du code (conciliation, arbitrage, assistance juridique). Il indique que si la représentation en justice ne peut être exercée que par l'avocat, toutes ces autres missions, peuvent être assurées par tout expert qui en a les compétences et la qualification. Et dans cette affaire, il convient de rappeler qu'il s'agissait de prestations d'assistance juridique, donc qui pouvaient être assurées par un professionnel du droit, même s'il n'a pas la qualité d'avocat.

Et dans la définition qu'il donne de ce concept d'assistance juridique, le CRD indique qu'elle se traduit comme « *la possibilité de se faire accompagner par un expert du droit – juriste, avocat ou notaire – afin d'obtenir des réponses personnalisées à ses questions* ». Justement, cette définition du concept d'assistance juridique, au-delà des acteurs compétents pour cette prestation, vise un contenu bien précis : l'obtention de réponses personnalisées aux questions que se pose une administration. Dès lors, s'il s'agit par exemple de la rédaction d'un texte légal ou réglementaire, on n'est pas en présence d'une réponse personnalisée à des questions que se pose une administration. Pour de telles prestations, le code des marchés s'appliquerait, plus spécifiquement dans ses dispositions prévues pour les marchés de prestations intellectuelles.

D'ailleurs, ce point pose des limites et points d'attention de l'article 3.3.a) du code des marchés publics. Le CRD indique clairement que le contrat ayant pour objet une mission d'assistance juridique dont la conclusion peut déroger au Code des Marchés publics ne peut intégrer d'autres aspects ne relevant pas de ladite assistance.

L'autre point d'attention, selon le CRD, est que l'Autorité contractante doit veiller à ce que l'expert choisi réponde aux conditions et critères définis par la législation encadrant l'exercice de l'activité d'assistance juridique afin d'éviter un choix arbitraire et inadapté pour l'exécution de la mission.

iv. Les services financiers relatifs à l'émission, à l'achat, à la vente et au transfert des titres ou d'autres instruments financiers en particulier les opérations d'approvisionnement en argent ou en capital des autorités contractantes, et des services fournis par des banques centrales

On peut prendre à ce niveau les exemples des procédures d'emprunts obligataires effectuées par ces autorités contractantes, ou encore celui des leurs opérations boursières. Pour ces types d'opérations financières, le Code des marchés publics ne s'applique pas.

Les spécificités des marchés financiers (fluctuations des cours et variation des notations notamment) impliquent une certaine rapidité dans la prise de décisions, ce qui est, il faut le reconnaître, incompatible avec une formalisation des procédures.
Là, également, le CRD se déclarera incompétent en cas de saisine pour un litige né de ces procédures d'acquisition.

v. Les contrats de travail

Pour bien comprendre cette dérogation, il faut distinguer la situation où l'Autorité contractante recrute elle-même les agents, de celle où elle passe par un intermédiaire de type agence de recrutement ou d'intérim. L'exclusion du code des marchés publics, et donc l'incompétence du CRD, ne concerne que le cas où l'autorité décide de recruter elle-même des agents ou des employés.

Dans le cas où elle passe par un intermédiaire, on est clairement en présence d'un mandat qui porte sur une prestation de services. Les agences d'intérim ou de recrutement devront donc être mises en concurrence selon les règles du code des marchés publics, pour la réalisation de cette mission. Si un litige se produit à l'occasion de cette procédure, le CRD sera alors compétent pour en connaître.

vi. L'achat de carburant destiné aux véhicules de l'Administration

Les opérations ayant pour objet l'achat de produits pétroliers appelés super carburant, essence ordinaire et gasoil ne sont pas soumises aux procédures de passation de marchés. Cela signifie donc que le CRD n'est pas compétent pour connaître des litiges nés de leurs procédures de passation. La précision à apporter à ce niveau est que ces produits doivent être destinés aux véhicules de l'Administration.

vii. L'achat de titres de transport aérien ou maritime

A ce niveau, pour que la dérogation puisse être applicable, il faudrait que les acquisitions pour les besoins exclusifs des missions des agents de l'Autorité contractante. Ces acquisitions sont donc réalisées directement, sans mise en concurrence selon les règles du code des marchés publics.

Il en est ainsi, à titre d'exemples :

- des demandes, individuelles ou de groupes, pour l'établissement des devis, pour les transports aériens ou maritimes à la charge de l'Administration,
- des demandes auprès des agences de voyage, ou autres services spécialisées, pour des solutions envisageables, notamment en ce qui concerne l'éventail des tarifs selon les classes, les services proposées par les compagnies de

transport, les horaires, les conditions de remboursement, d'annulation ou de modification, (...) et leurs incidences sur le prix des billets.

viii. L'hébergement et la restauration des participants, dans les réceptifs hôteliers ou dans les structures ayant une telle vocation, à l'occasion de l'organisation de sommets officiels, de séminaires ou atelier

Cette dérogation ne trouve application que quand les acquisitions sont limitées aux besoins des « participants » et répondent aux nécessités de l'organisation de sommets officiels, de séminaires ou autres ateliers.

ix. Les opérations d'acquisition ou de location de terrains, bâtiments et autres biens immobiliers

Sur cette question, il convient de rappeler ici la demande d'avis adressée par la DCMP à l'ARMP[13]. Dans son avis, le CRD précisait que la demande d'avis posait la problématique suivante : « *la soumission ou, inversement, l'exclusion des marchés de location d'immeubles à usage de bureaux du champ d'application du Code des marchés publics* ». Il fallait ainsi se déterminer sur « l'applicabilité des règles de passation des marchés publics aux acquisitions ou locations des terrains, bâtiments et autres biens immobiliers existants ».

La réponse suivante fut donnée par le CRD :

« Considérant que l'acquisition ou la location d'immeubles existants a principalement pour objet des ouvrages déjà réalisés

[13] Avis N° 001/09/ARMP/CRD DU 26 janvier 2009 du CRD statuant en commission litiges sur la saisine de la DCMP relative à l'application du code des marchés publics aux marches relatifs à l'acquisition ou à la location de terrains, bâtiments existants ou autres biens immeubles

qui ne sont pas susceptibles d'être qualifiés de marchés de travaux ayant pour objet la réalisation par quelque moyen que ce soit d'un ouvrage répondant aux besoins précisés par l'autorité contractante ;

(...)

Que s'agissant, par ailleurs, des marchés de fournitures ou de services, outre cette exigence de définition préalable des besoins, il faut relever que la cession ou la location de biens immeubles existants se distinguent de ces marchés de par leur objet en ce que, d'une part, les marchés de fournitures portent sur des biens mobiliers, d'autre part, les marchés de services ont pour objet soit une prestation de services correspondant à de la main d'œuvre, sans concrétisation d'un ouvrage : maintenance ou entretien, soit une prestation intellectuelle où il s'agit de production de l'esprit, de réflexion, soit la maîtrise d'ouvrage ;

Qu'il en résulte que les contrats de vente ou de location de terrains ou de bâtiments existants se distinguent de par leur objet des marchés de travaux, de fournitures ou de services ;

Qu'en conséquence, les règles de passation de ces marchés, telles qu'établies par le décret n° 2007-545 du 25 avril 2007 portant Code des marchés publics, ne leur sont pas applicables ;

Considérant que cette exclusion ne concerne pas cependant les contrats de financement conclus parallèlement, préalablement ou consécutivement se rapportant au contrat de vente ou de location d'immeubles existants ; qu'en conséquence, l'exclusion doit s'entendre comme suit :

- *lorsque le contrat de vente ou de location d'immeubles existants est conclu entre l'Autorité contractante et un vendeur, un bailleur ou le constituant d'un droit réel, il ne sera pas soumis à la réglementation sur les marchés publics, même s'il comporte un aspect financier comme par exemple le cas d'une convention ayant pour objet la mise à disposition et la cession à terme d'un bâtiment existant dont les loyers correspondent à la valeur du bien majorée des intérêts et charges ;*

- *lorsque le contrat relatif à l'acquisition ou à la location d'un bien immobilier existant s'accompagne d'une convention distincte conclue avec un organisme de crédit, seule cette convention sera soumise à la réglementation sur les marchés publics ».*

Dès lors, les opérations relatives à l'acquisition ou à la location de biens immeubles, quelles qu'en soient les modalités financières, présentent des caractéristiques particulières qui rendent inadéquate l'application de règles de passation des marchés publics.

x. Les opérations de sponsoring

Sur cette dérogation, l'ARMP (à l'époque) a eu à le rappeler en réponse à une demande d'avis formulée par l'ARTP[14]. Dans cette affaire, c'est par lettre en date du 26 mars 2012 que le Directeur général de l'ARTP a saisi le CRD d'une demande d'avis sur le sponsoring qu'il envisageait d'effectuer avec la chaîne de télévision Origine SA, à travers l'émission « D'un village à l'Autre ».

L'ARTP souhaitait accompagner, sur le plan logistique et financier, la télévision 2STV pour lui permettre d'atteindre à travers l'émission « D'un village à l'Autre », l'objectif de participer à l'éveil, à la conscientisation et la sensibilisation des populations par rapport aux aspects clés de la politique étatique de réduction de la fracture numérique. Dans ce cadre, elle voulait savoir si elle pouvait directement conclure un contrat de

---

[14] Avis n° 005/12/ARMP/CRD du 03 avril 2012 du CRD statuant en commission litiges sur la saisine de l'Autorité de Régulation des Télécommunications et des Postes concernant la soumission d'un contrat de sponsoring au code des marchés publics.

sponsoring avec un partenaire et si ledit contrat est exclu du Code des marchés publics.

Pour le CRD, « *Considérant que le sponsoring se définit comme un contrat par lequel une structure publique ou privée finance une activité culturelle, sportive, artistique ou scientifique en échange d'une promotion et d'une publicité ; que de ce fait, la convention de sponsoring porte sur un projet élaboré en dehors de toute demande émanant de l'autorité contractante et dont la direction ainsi que la responsabilité sont totalement détenues par le cocontractant ;*

Qu'ainsi, la notion d'initiative du projet permet de distinguer les marchés publics et les conventions de sponsoring induisant l'exclusion de ces dernières du champ d'application du Code des marchés publics ;

Considérant, toutefois, que si les clauses de la convention font apparaître l'existence d'une contrepartie directe et proportionnée à la valeur sur le marché de la prestation, celle-ci se révèle être tout simplement une commande publique de prestation de service et comme telle, elle est susceptible d'être requalifiée en marché public ».

Deux critères doivent donc réunis pour que cette dérogation, qui justifie l'incompétence du CRD, puisse s'appliquer :

- l'initiative du projet doit objectivement venir de la personne privée,
- il ne doit pas y avoir de contrepartie directe et importante qui pourrait s'apparenter à un prix que l'Autorité contractante verse à la personne privée.

xi. Les opérations de publication par voie de presse d'insertions publicitaires ainsi que les publi-reportages par supports audiovisuels

Dans certaines situations, l'administration peut avoir besoin d'informer rapidement les administrés. C'est par exemple le cas avec les campagnes de sensibilisation pour un programme de vaccination, d'inscription sur les listes électorales, etc. Pour ces procédures, le code des marchés n'est pas applicable et aucun litige portant sur la passation ne peut être utilement soulevés devant le CRD.

xii. Les médicaments et produits essentiels utilisés dans la médecine d'urgence et dont la liste est fixée par arrêté du ministre de la santé

Cette dérogation est une réponse aux situations d'urgence auxquelles les structures de santé peuvent être confrontées et qui posent une incompatibilité avec une mise en œuvre des règles de passation des marchés publics. Mais deux conditions cumulatives sont posées à ce niveau :

– une situation de rupture de stocks,
– que les médicaments à acquérir fassent partie de la liste établie par arrêté du ministre en charge de la santé.

Si l'une des conditions n'est pas remplie, les règles du code des marchés publics doivent alors être appliquées et le CRD sera bien compétent pour connaître des litiges nés de la passation de tels contrats.

xiii. L'acquisition de médicaments et produits pharmaceutiques essentiels, par les services et formations sanitaires

Les justifications de cette dérogation ont les mêmes que celles à la base de la précédente. Sur ce cas, il faut prendre en compte les dispositions de l'arrêté du ministre en charge de la santé fixant les modalités de l'approvisionnement pharmaceutique des services et formations sanitaires.

Pour l'ensemble de ces dérogations à l'application du code des marchés publics, il est important que les opérateurs économiques vérifient si leurs conditions d'application sont bien réunies. En effet, il n'est pas exclu que les Autorités contractantes se méprennent sur leur analyse avant de lancer leurs procédures d'acquisition en dehors du champ du code des marchés publics, alors que la situation devait être toute autre.

Dans ce cas, après avoir satisfait à la condition du recours préalable, l'opérateur économique intéressé pourra bien saisi le CRD si la réponse de l'Autorité contractante lui est défavorable ou si celle-ci ne répond pas dans les délais qui lui sont impartis (trois jours ouvrables à compter de la réception du recours préalable).

2.1.2. La recevabilité du recours devant la CRD

Le fond d'un recours ne sera évoqué par le CRD que s'il est compétent pour connaître du litige, et que les conditions de recevabilité sont respectées. Il est donc important de rappeler ces conditions de recevabilité **(a)** et de préciser les effets qui sont attachés à un recours recevable **(b).**

a. Les conditions de recevabilité du recours devant le CRD

Le CRD ne peut être valablement saisi que si :

- le recours préalable a été effectué,
- la saisine a été faite dans les délais requis,
- la consignation a été réglée.

Bien entendu, ces conditions sont cumulatives.

i. L'exercice d'un recours préalable

Comme évoqué précédemment, en matière de passation d'un marché public, aucun recours contentieux ne peut être introduit avant qu'un recours préalable ne soit effectué. Ce recours préalable peut prendre la forme soit d'un recours gracieux, introduit auprès de l'Autorité contractante elle-même, soit d'un recours hiérarchique, transmis au supérieur hiérarchique de celle-ci.

Le caractère obligatoire de ce recours préalable est précisé à l'article 89 du code des marchés publics. Comme nous le verrons plus loin, la copie du recours préalable doit être produite au CRD, accompagnée de la preuve de la date de sa réception par son destinataire.

ii. Le respect des délais de saisine du CRD

Aux termes de l'article 90 du code des marchés publics, « *En l'absence de suite favorable de son recours gracieux, le requérant dispose de trois (3) jours ouvrables à compter de la réception de la réponse de l'autorité contractante ou de l'expiration du délai de trois (3) jours mentionné à l'article précédent pour présenter un recours au Comité de Règlement des Différends en matière de passation des marchés publics, placé auprès de l'Organe chargé de la régulation des marchés publics* ».

Pour une compréhension plus aisée de cette disposition, il est proposé de considérer les hypothèses ci-après.

Première hypothèse : le recours préalable est introduit sur la base de l'un des cas prévus au second alinéa de l'article 89 du code des marchés publics, l'Autorité contractante ou son supérieur hiérarchique prend une décision écrite qui est notifiée au requérant. A compter de la réception de cette réponse, ce requérant disposera de trois (3) jours ouvrables pour saisir le CRD. Si la saisine du CRD est faite au-delà de ce délai, le recours sera irrecevable pour forclusion.

Seconde hypothèse : le recours préalable a été introduit, mais sur la période des trois (3) jours ouvrables qui ont suivi sa réception par l'autorité contractante, aucune réponse ne parvint au requérant. Celui-ci peut donc considérer que son recours a été implicitement rejeté. En effet, aux termes du dernier alinéa de l'article 89 du code des marchés publics, *« La personne responsable du marché est tenue de répondre à cette réclamation dans un délai de trois (3) jours ouvrables, au-delà duquel le défaut de réponse sera constitutif d'un rejet implicite du recours gracieux ».*

A compter de la naissance de cette décision implicite de rejet (expiration du délai de trois jours pour répondre), le requérant disposera donc de trois (3) ouvrables pour saisir le CRD.

A titre de rappel, un « jour ouvrable » correspond à tous les jours de la semaine, à l'exception du jour de repos hebdomadaire légal (généralement le dimanche) et des jours fériés habituellement non travaillés dans l'entreprise. Ces jours ouvrables couvrent donc les jours du lundi au samedi inclus. Il convient de noter que si un délai exprimé en jours ouvrables expire un samedi, il est prolongé jusqu'au jour ouvrable suivant.

Pour illustrer cette question de l'application des délais de recours, est repris ici l'exemple de la décision n°177/16 /ARMP/CRD du 22 juin 2016 où l'ARMP juge ceci :

« Considérant qu'il résulte des faits invoqués que suite à la publication de l'avis d'attribution provisoire du marché dans le journal « Le Soleil » du jeudi 06 juin 2016, KIMA HEALTH PARTNER a saisi l'autorité contractante d'un recours gracieux en date du 07 juin 2016, auquel cette dernière a répondu défavorablement par lettre, reçu le 10 juin 2016.

Qu'ainsi, le requérant introduit auprès du CRD une requête par correspondance du 15 juin 2016, reçu le même jour à l'ARMP.

Qu'au regard des dispositions des articles 89 et 90 du code des marchés publics, le recours contentieux aurait dû parvenir au CRD au plus tard le 14 juin 2016.

(...) Qu'ainsi, le recours n'ayant pas été introduit dans les délais prescrits (...) il doit être déclaré irrecevable [15]».

---

[15] Décision n°177/16/ARMP/CRD 22 juin 2016 du Comité de Règlement des Différends statuant en Commission Litiges sur le recours de Kima Health Partner portant sur l'attribution provisoire du lot 2 du marché relatif à l'acquisition de cœlioscopie et d'hystéroscopie gynécologique, lancée par la

Il faut donc être rigoureux dans le décompte des délais car il est toujours dommage de voir son recours rejeté pour forclusion, alors que dans le fond, la problématique posée par le requérant avait un intérêt certain, avec des enjeux financiers importants pour l'entreprise.

iii. Le paiement de la consignation

Introduire un recours auprès du CRD a un coût. En effet, le requérant doit payer une consignation d'un montant de cinquante milles (50 000) francs CFA et en apporter la preuve au CRD lors du dépôt de son recours.

Cette obligation de paiement d'une consignation est posée à l'article 90 du code des marchés publics qui dispose que « *Le recours n'est recevable que s'il invoque une violation caractérisée de la règlementation des marchés publics et est accompagné de la pièce attestant du paiement d'une consignation dont le montant est fixé par arrêté du Ministre chargé des Finances* ».

La consignation est versée par le requérant à la CDC[16].

b. <u>La suspension de la procédure de passation comme effet immédiat de la recevabilité du recours</u>

Dès que le recours est déclaré recevable par le CRD, la conséquence immédiate est que celui-ci ordonnera à l'Autorité contractante de suspendre la procédure de passation jusqu'à ce qu'il soit statué sur le fond du litige.

Le caractère suspensif du recours déclaré recevable participe à la préservation des intérêts du requérant. Seulement, l'article 91 du code des marchés publics précise que « *Toutefois, ce recours n'est pas suspensif si l'autorité contractante certifie par notification écrite adressée au Comité de Règlement des Différends et à la Direction chargée du contrôle des marchés*

Direction des Infrastructures et des équipements médicaux (DIEM) du ministère de la santé et de l'action sociale.

[16] ARMP, *Guide du soumissionnaire*, Octobre 2015, p.58

publics que l'attribution du marché doit être poursuivie immédiatement pour des raisons tenant à la protection des intérêts essentiels de l'Etat résultant de situations d'urgence impérieuse liées à une catastrophe naturelle ou technologique ».

Bien entendu, un contrôle rigoureux sera effectué sur ces raisons que pourrait invoquer une Autorité contractante dont la procédure serait sous le coup d'une suspension. Il est important de préciser à ce niveau que si e requérant n'est pas d'accord avec la décision prise par le CRD de ne pas ordonner la suspension de la procédure de passation du marché litigieux alors que son recours est recevable (les raisons avancées par l'Autorité contractante relativement à l'article 91 ayant convaincu le CRD), il lui est possible d'introduire un recours juridictionnel devant la chambre administrative de la Cour Suprême.

2.2. Savoir rédiger une requête et présenter un dossier devant le CRD

Il est important d'indiquer aux opérateurs économiques que saisir le CRD ne se fait pas au moyen d'une simple lettre. Il est obligatoire, pour tout requérant, de respecter une méthodologie rigoureuse dans la rédaction de la requête **(2.2.1)** et la présentation du dossier au CRD **(2.2.2).**

2.2.1. La rédaction proprement dite de la requête

Tout d'abord, il est précisé que la requête doit nécessairement être rédigée en français. Ensuite, la méthodologie de la rédaction d'une requête devant le CRD implique, pour tout intéressé, à articuler son recours autour de parties bien distinctes qui rendent le contenu clair et intelligible (**a**) et à bien appréhender les problématiques de fond qu'il entend soumettre à l'organe de recours (**b**).

a. L'articulation des parties de la requête

Tout d'abord, le requérant doit indiquer son identité, en précisant ses nom, prénom, adresse, et profession. Dans l'hypothèse où le requérant serait une personne morale, son identification impliquera alors une indication de sa forme, sa dénomination ou sa raison sociale et son numéro NINEA. Il faudra également indiquer l'adresse de son siège social ainsi que l'organe qui la représente légalement. Mais, dans l'hypothèse où la personne signataire de la requête ne serait pas son représentant légal et n'aurait pas la qualité d'avocat, il faudrait qu'elle produise nécessairement les documents complets et précis, l'autorisant à représenter et à engager la société dans la procédure contentieuse.

Le requérant a la possibilité de se faire assister d'un avocat ; dans ce cas, celui-ci devra indiquer sur la requête tous ses éléments d'identification, ainsi que son adresse bien entendu. Dans l'hypothèse où le requérant est assisté de plusieurs avocats, il sera indiqué celui auprès de qui il est fait élection de domicile aux fins de recevoir les actes de procédure.

Par ailleurs, cette partie consacrée à l'identification des parties devra nécessairement indiquer la dénomination de l'Autorité contractante et les références de la procédure visée par la requête.

Après cette partie consacrée à l'identification des parties, la requête devra exposer le contexte factuel du litige. L'exposé des faits doit être clair, concis, et pas forcément polémique. En effet, avec l'exposé des faits, on n'est pas normalement dans la phase d'argumentation.

Pour plus de précision dans la démarche, tout en exposant les faits à la base du litige, la requête pourra rappeler toute la procédure qui précède la saisine du CRD. Une telle méthodologie permettra au CRD d'avoir une compréhension précise du contexte factuel du litige, ce qui aura son importance dans l'instruction de l'affaire.

Après cet exposé, la deuxième partie de la requête consistera à l'exposé des moyens de droit et de fait qui, selon le requérant, établissent l'irrégularité ou l'illégalité de la procédure. L'importance de cette argumentation en droit et en fait du recours se perçoit à travers l'alinéa 3 de l'article 90 du code des marchés publics qui dispose que « *(...) Le recours n'est recevable que s'il invoque une violation caractérisée de la règlementation des marchés publics (...)* ».

Cette partie de la requête doit donc exposer au CRD en quoi la procédure visée a porté atteinte à la réglementation applicable et quelles sont les règles applicables aux marchés publics qui ont été violées. Dans l'hypothèse où le requérant aurait plusieurs griefs à faire à la procédure, il serait beaucoup plus judicieux de les regrouper selon leur objet et de les identifier par des titres, pour une meilleure cohérence dans la démarche.

Dans cette phase de la requête, il est important de citer le texte qui n'aurait pas été respecté par l'autorité contractante. Mais il convient de préciser ici que ce texte ne doit pas forcément être un article du code des marchés publics. La requête peut se fonder en effet sur les textes d'application de ce code, d'autres dispositifs juridiques comme le Code des Obligations de l'Administration, le code des collectivités territoriales (pour les marchés passés par les collectivités locales, leurs groupements ou les établissements publics locaux), des textes sectoriels, le cas échéant, etc.

Mais dans l'argumentation, il est essentiel d'établir un lien direct et pertinent entre le texte invoqué et les aspects de la procédure qui les violeraient. Des indications sont apportées à ce niveau dans le point B ci-dessous.

Enfin, il faut toujours rappeler au CRD ses prétentions. Il s'agit ici de préciser ce qu'on attend de l'organe de recours, en termes de mesures à prendre vis-à-vis de la procédure querellée. Bien entendu, la requête devra être datée et signée.

b. Appréhender les problématiques de fond d'un contentieux devant le CRD

L'importance de l'argumentation juridique dans une requête a été bien indiquée au point ci-dessus. Les arguments juridiques doivent toujours être pertinents par rapport à l'objet du litige. Le requérant doit démontrer que l'acte attaqué est illégal et pas seulement qu'il lui est défavorable.

Il faut éviter d'être trop général dans l'argumentation. La méthodologie conseillée est de relever à chaque fois un aspect de la procédure de passation et le confronter à une règle précise applicable aux marchés publics. Il est vrai que très souvent, les requérants ont tendance à reproduire dans la requête auprès du CRD, les éléments indiqués dans le recours préalable. Une telle démarche est déconseillée car il s'agit d'une instance différente, en l'occurrence un contentieux non juridictionnel qui implique une construction dans l'argumentation, une certaine profondeur dans l'analyse et la démonstration de l'illégalité alléguée.

Dans le cas où l'Autorité contractante répond expressément à un recours préalable, le requérant, tout en développant dans sa requête les moyens de fait et de droit invoqués contre la procédure de passation, peut en même temps faire le lien avec les éléments contenus dans la réponse reçue en indiquant en quoi ils ne sont pas fondés.

Même en cas de décision implicite de rejet du recours préalable, il est conseillé de ne pas se contenter de reprendre les éléments du recours préalable, sans aucune construction juridique dans la requête devant le CRD.

Quelques indications sur la construction de la motivation d'une requête devant le CRD sont données ci-après.

Exemple 1 :

Le premier exemple de problématique de fond choisi est celui des spécifications techniques discriminatoires. Il est rappelé que les spécifications techniques déterminent les caractéristiques que l'Autorité contractante attend d'un produit, de matériaux ou d'un service. Ces caractéristiques sont exigées pour que les produits, matériaux ou services, répondent de manière optimale à l'usage auquel ils sont destinés.

Ces spécifications techniques peuvent être définies, dans les marchés publics, par référence à des normes ou à des exigences fonctionnelles. Les caractéristiques exigées dans ce cadre doivent toujours être objectives, être liées à l'objet du marché public et proportionnées à sa valeur et à ses objectifs.

Mais il peut arriver qu'une autorité contractante, de manière délibérée ou non, définisse des spécifications techniques qui font référence à des procédés de fabrication bien déterminés.

A titre d'exemple, une Autorité contractante lance un appel d'offres ouvert pour l'acquisition d'un nombre déterminé de tracteurs agricoles. Elle définit dans le DAO les spécifications techniques des véhicules, lesquelles posent les caractéristiques attendues pour les éléments suivants :

- le moteur (type, nombre de cylindres, etc.),
- la transmission,
- la prise de force,
- le relevage et l'attelage,
- les données hydrauliques (nature du circuit, débit de la pompe principale, pression),
- la cabine,
- la capacité du réservoir à carburant,
- le poids et les dimensions.

Un opérateur économique professionnel du secteur et candidat aux marchés ayant acquis le DAO, les examine et estime que les spécifications retenues renvoient à une origine déterminée ou à un procédé de fabrication bien précis assuré par un industriel donné.

Il introduit un recours préalable auprès de l'Autorité contractante et celle-ci lui adressa une réponse défavorable. Pour sa requête auprès du CRD, il devra adopter une certaine rigueur dans la motivation. Il ne pourra pas, par exemple, se contenter de dénoncer cette situation par de simples références factuelles.

Une bonne motivation impliquera de reprendre de manière détaillée les spécifications techniques contestées et de démontrer qu'elles excluent d'emblée les autres opérateurs ne commercialisant pas les tracteurs présentant ces caractéristiques puisque celles-ci visent une fabrication bien déterminée. Et comme l'opérateur requérant connait bien ce secteur, il pourra même indiquer dans sa requête que ces caractéristiques renvoient à une marque spécifique de tracteurs.

En outre, le requérant pourra insister sur le fait que le choix de ces spécifications discriminatoires n'est pas justifié par l'objet du marché et que celles-ci n'auraient pas dû être orientées de la sorte. Cela aurait permis la participation utile d'autres opérateurs commercialisant des tracteurs agricoles présentant des caractéristiques équivalentes et à même de satisfaire les besoins de l'Autorité contractante.

L'opérateur requérant continuera son argumentation en précisant qu'« en optant pour de telles spécifications techniques qui renvoient à une origine ou à un procédé de fabrication déterminée alors que cela n'est aucunement justifié par l'objet du marché, l'Autorité contractante a violé les principes de la mise en concurrence, d'égal accès à la commande publique et d'égalité de traitement des candidats ».

Les textes pertinents à citer à ce niveau sont :

- l'alinéa 3 de l'article 7 du CMP qui dispose : « *La référence aux spécifications techniques mentionnant des produits d'une fabrication ou d'une provenance déterminée, ou des procédés particuliers et qui ont pour effet de favoriser ou d'éliminer certaines entreprises est interdite, à moins que de telles spécifications ne soient justifiées par l'objet du marché. Est notamment interdite l'indication de marques, de brevets ou de types, de numéro de catalogue ou celle d'une origine ou d'une production déterminée. Toutefois, une telle indication accompagnée de la mention «ou équivalent» est autorisée lorsque les autorités contractantes n'ont pas la possibilité de donner une description de l'objet du marché, au moyen de spécifications suffisamment précises et intelligibles pour tous les intéressés* ».

- l'article 24 du Code des obligations de l'Administration qui dispose : « *En vue d'assurer l'efficacité de la commande publique et la bonne utilisation des deniers publics, la conclusion des contrats d'achat passés à titre onéreux par es acheteurs publics : (...) doit respecter les principes de liberté d'accès à la commande publique, d'égalité de traitement des candidats et de transparence des procédures. (...) La violation du principe d'égalité de traitement des candidats aux commandes publiques par les acheteurs publics entraine la nullité de la procédure de passation ou du marché passé, à la requête de toute personne intéressée au déroulement normal de la procédure* ».

Exemple 2 :

Dans le cadre de la modernisation des infrastructures de transports, l'Etat du Sénégal, par l'intermédiaire du ministère des infrastructures, des transports terrestres et du désenclavement lance un marché public de travaux pour la réhabilitation de la portion de route Fatick-Kaolack en très mauvais état et causant un danger réel pour les usagers.

Après un appel d'offres ouvert international, une entreprise X remporte le marché, pour un montant de 65 milliards de F CFA.

Dans les cahiers des clauses techniques, des exigences précises furent indiquées sur les éléments de sécurité et de qualité, notamment : la provenance des constituants et produits, les matériaux d'assise et couche de forme, les caractéristiques des bétons, les matériaux et produits pour lit de pose, les adjuvants et additifs, les matériaux de jointement, les caractéristiques générales des enrobés, les bordures, les gravillons, les caniveaux béton, l'empierrement ou le traitement du sol, etc.

L'entreprise X réalisa les travaux de construction de la route qui fut réceptionnée et remis en service. Mais, par la suite, il a été noté que l'ouvrage ainsi construit conformément aux cahiers des charges présentait les insuffisances suivantes :

- l'absence totale d'aménagement de zones d'arrêts sécurisés pour les camions poids lourds et les véhicules légers,
- l'inexistence de canalisations et des liants hydrauliques,
- des menaces sur le corps de la chaussée pour défaut d'étanchéité en surface,
- l'insuffisance de la signalisation horizontale et verticale.

Ces besoins sont évalués à 20 milliards de F CFA et après avoir sollicité et obtenu l'autorisation de la DCMP, l'Autorité contractante engage une procédure d'entente directe avec l'entreprise X qui avait réalisé le marché initial.

Une entreprise spécialisée dans les travaux publics décide d'attaquer la procédure car estimant qu'une mise en concurrence devait être organisée. Après un recours préalable rejeté, cette entreprise saisit le CRD de l'ARCOP d'une requête. Pour la motivation de sa requête, il devra construire son argumentation sur la non-réunion des conditions posées par l'article 76-1.b du code des marchés publics.

Aux termes de cette disposition, après autorisation de la DCMP, un marché public peut être passé selon la procédure d'entente directe « *pour des fournitures, services ou travaux qui complètent ceux ayant fait l'objet d'un premier marché exécuté par le même titulaire, à la condition que le marché initial ait été passé selon la procédure d'appel d'offres et que le marché complémentaire ne porte que sur des fournitures, services ou travaux qui ne figurent pas dans le marché initial conclu mais qui sont devenues nécessaires, à la suite d'une circonstance imprévue et extérieure aux parties, et que ces fournitures, services ou travaux ne peuvent être techniquement ou économiquement séparés du marché principal. Le montant cumulé des marchés complémentaires ne doit pas dépasser un tiers du montant du marché principal, avenants compris ;* ».

En l'espèce, l'entreprise requérante pourra préciser que même si ces prestations ne figuraient pas dans le marché initial et qu'elles lui sont techniquement et économiquement liées, il est incontestable qu'elles devaient être prévues dès le départ, au stade de la définition des besoins et de l'élaboration des cahiers des charges.

En effet, l'Autorité contractante ne peut pas soutenir ici que ces besoins listés ci-dessus proviennent de circonstances imprévues et extérieures aux parties. Une bonne définition des besoins aurait permis de préciser toutes les prestations se rapportant à ce tronçon. Dès lors, l'une des conditions posées par l'article 76-1.b du code des marchés publics n'étant pas remplie, le recours à la procédure de l'entente directe n'est pas justifié.

Exemple 3 :

Le Ministère de l'Economie et des Finances lance une procédure d'appel d'offres ouvert pour la Fourniture de quittanciers et d'imprimés sécurisés. Une entreprise X spécialisée dans l'imprimerie et la sécurisation de document acquiert le DAO pour préparer sa soumission. Au niveau des Cahier des Clauses Techniques, sur le point relatif aux Spécifications Techniques du Type de papier utilisé pour la confection des imprimés sécurisés, elle nota une clause qui a retenu particulièrement son attention.

En effet, sur l'échantillon à fournir, le Ministère exige que le papier soit «*filigrané au nom du Trésor Public*». En outre, comme autres spécifications, l'Autorité contractante exige que l'échantillon présenté comporte « *des filaments fluorescents ou planchettes colorées et réactives* » tout en incluant des «*fils de sécurité* ».

L'entreprise X considère que ces exigences, si elles sont normales pour le produit à fournir dans le cadre de l'exécution du marché, sont toutefois excessives pour un échantillon à fournir au stade de la soumission. Son recours préalable n'ayant pas prospéré, il saisit alors le CRD de l'ARCOP.

Dans sa requête, il devra motiver son recours autour du caractère excessif de telles exigences pour l'échantillon et ses conséquences sur l'égalité d'accès à la commande publique.

C'est ainsi qu'elle expose au CRD qu'« *avec de telles exigences, tout soumissionnaire qui n'aurait préalablement pas exécuté ce marché spécifique de fourniture de quittanciers, ne saurait jamais disposer d'une seule feuille de papier « filigrané au nom du Trésor Public » à cette phase de la procédure* ».

Il pousse ses observations jusqu'à remettre en cause la connaissance de l'autorité contractante. En effet, elle indique que « *non seulement une telle exigence est irrégulière, car impossible à satisfaire, mais elle traduit surtout le fait que l'autorité contractante n'a pas une bonne connaissance du papier objet de ses besoins* ».

Pour étayer ce point, il indique que « *contrairement aux autres types de papier (de type offset, buffon, carton, auto carboné, etc.), le papier de sécurité filigrané est uniquement produit à la demande, pour un usage spécifique* ». Elle continue dans sa démonstration en indiquant qu' «*il n'y a pas d'échantillon disponible à l'étalage et sa production fait l'objet d'une procédure rigoureuse qui suppose que sa personnalisation par filigrane ait fait l'objet d'un contrat ou d'une autorisation spéciale pour la marque, surtout qu'il s'agit ici du logo d'une Administration Publique stratégique, qui est le cas du Trésor Public* ».

Toujours dans son argumentation, elle soutient que l'Autorité contractante ne peut pas assimiler un échantillon au produit fini à fournir dans le cadre du marché.

Elle insiste sur ce point en indiquant qu'« *est appelé échantillon un modèle représentatif des livraisons à venir » ;* et qu'« *il est donc à éviter de faire un produit spécifique et de le demander obligatoirement à titre d'échantillon* ».

Cet aspect de l'argumentation est très important car en matière d'imprimerie, surtout de sécurisation documentaire, il est généralement admis qu'il faut obligatoirement attendre que l'utilisateur du produit délivre ou signe, un « Bon A Tirer »

(BAT) à la phase ultime, pour que la confection puisse être entamée.

La requérante poursuit son argumentation en indiquant qu'au regard de tous ces éléments, « *les candidats qui ont déjà exécuté de telles prestations pour l'autorité contractante seront avantagés par rapports à leurs concurrents, pour concevoir cet échantillon. Or, la définition de besoin et les spécifications techniques doivent être objectives et réalistes* ».

Il pourra citer ainsi l'avant dernier alinéa de l'article 7 du CMP qui dispose : *« La référence aux spécifications techniques mentionnant des produits d'une fabrication ou d'une provenance déterminée, ou des procédés particuliers et qui ont pour effet de favoriser ou d'éliminer certaines entreprises est interdite, à moins que de telles spécifications ne soient justifiées par l'objet du marché »*.

Pour la requérante, « *en application de cette disposition, afin d'éviter toute distorsion illégale de la concurrence et pour une meilleure sécurisation des imprimés, si tel est l'objectif réellement visé, l'autorité contractante aurait dû :*

i. indiquer que lors du dépôt des offres, les échantillons seront évalués en fonction des propositions de sécurisation,

ii. tout en maintenant l'ensemble des spécifications techniques, préciser que lors de la signature du Bon A Tirer (BAT), il sera vérifié au préalable si toutes les exigences de sécurité ont été respectées

Mais en lieu et place d'une telle démarche, en exigeant le logo ou la plaquette objet du marché au titre d'un échantillon, l'autorité contractante impose un début d'exécution du marché au stade même de la soumission ; en outre, de telles exigences non justifiées par l'objet du marché, excluent d'office certains candidats, ce qui est contraire aux principes de la commande publique ».

Tous ces exemples montrent à quel point la méthodologie est importante dans la motivation d'une requête devant le CRD. Saisir l'organe de recours n'est pas un simple exercice de dénonciation factuel. Un effort de construction juridique axé de manière pertinente et utile autour des aspects de la procédure visée est attendu du requérant.

2.2.2. La présentation du dossier au CRD

Une fois rédigée, la requête doit donc être transmise au CRD de l'ARCOP. En réalité, c'est un dossier qu'il faut constituer **(a)** et déposer selon des modalités précises **(b).**

a. La constitution du dossier

L'élément central du dossier est bien entendu la requête. Certains éléments doivent obligatoirement être joints à celle-ci. Naturellement, ces pièces jointes seront différentes, selon l'étape de la procédure objet du contentieux.

- Cas des recours exercé après la publication de l'Avis et avant l'acquisition du DAO

Dans cette situation, le dossier contentieux à transmettre au CRD devra comporter :

- la requête devant le CRD rédigée et signée,
- le cas échéant, les documents établissant les délégations de pouvoirs ou de signature de la personne qui agit pour le compte du requérant,
- le timbre ou le justificatif de paiement de la consignation,
- la copie de l'avis publié,
- la copie du recours préalable avec la preuve certaine de réception par l'Autorité contractante,
- la copie de de la décision de l'Autorité contractante, le cas échéant,
- toutes autres pièces jugées utiles par le requérant.

- Cas de recours exercé après l'acquisition du DAO et avant le dépôt des offres :

- la requête devant le CRD rédigée et signée,
- le cas échéant, les documents établissant les délégations de pouvoirs ou de signature de la personne qui agit pour le compte du requérant,
- le timbre ou le justificatif de paiement de la consignation,
- la copie de l'avis publié,
- la copie du dossier d'appel d'offres ou de sa partie concernée par la requête,
- la copie du recours préalable avec la preuve certaine de réception par l'autorité contractante,
- la copie de la décision de l'Autorité contractante, le cas échéant,
- toutes autres pièces jugées utiles par le requérant.

▪ Cas du recours exercé après l'analyse des offres :

- la requête devant le CRD rédigée et signée,
- le cas échéant, les documents établissant les délégations de pouvoirs ou de signature de la personne qui agit pour le compte du requérant,
- le timbre ou le justificatif de paiement de la consignation,
- la copie de l'avis publié,
- la copie du dossier d'appel d'offres ou de sa partie concernée par la requête,
- la lettre de notification du rejet de l'offre ou d'attribution provisoire du marché ou la décision de l'Autorité contractante qui porte grief au requérant,
- la copie du recours préalable avec la preuve certaine de réception par l'autorité contractante,
- la copie de la décision de l'Autorité contractante, le cas échéant,
- toutes autres pièces jugées utiles par le requérant.

Bien entendu, ces éléments sont donnés seulement à titre indicatif ; chaque requérant devra s'adapter à la spécificité de son litige et apprécier la pertinence de la production de pièces supplémentaires à cette liste. La pertinence d'une pièce à produire à l'appui d'une requête s'apprécie au regard l'importance de l'information qu'elle apporte au CRD, de sa capacité à confirmer les arguments développés dans la requête, et, surtout, de son lien avec le litige.

Un numéro sera donné à chaque pièce et indiqué sur celle-ci. Le requérant prendra le soin d'établir un bordereau qui indique le titre de chaque pièce et son numéro. Ledit bordereau devra être annexé à la requête.

Enfin, le dossier ainsi constitué doit être déposé en sept (7) exemplaires au secrétariat de l'ARCOP selon les modalités indiquées ci-après.

b. <u>Les modalités de dépôt du dossier</u>

Le dépôt du dossier doit toujours se faire selon une modalité qui permettra de déterminer la date certaine de sa réception par le secrétariat de l'ARCOP. Cette preuve de dépôt avec une date de réception est importante car elle permet d'établir la saisine du CRD.

Le dossier, reproduit en sept (7) exemplaires pourra être transmis à l'ARCOP par lettre recommandée avec accusé de réception ou déposé sur place contre soit une remise d'un récépissé daté et signé, soit un cachet du secrétariat qui sera apposé sur l'exemplaire que le requérant garde avec lui.

2.3. <u>Sens et portée de la décision du CRD sur le recours</u>

Il est important de préciser et surtout d'expliciter aux opérateurs économiques le sens et la portée des décisions que le CRD prend sur leurs recours. Cela leur permettra de cerner davantage ce à quoi ils peuvent s'attendre en saisissant l'organe de recours. Ces indications peuvent faciliter la détermination des prétentions à soumettre à celui-ci, puisque les textes régissant l'organisation et le fonctionnement de l'ARCOP fixe la typologie des mesures que le CRD peut prendre en « formation litige ».

En principe, le recours fixant le cadre du contentieux, on verra comment les décisions du CRD sont plus ou moins enfermées dans les périmètres du litige **(2.3.1)**, avant d'évoquer leur portée **(2.3.2)**.

2.3.1. Une décision plus ou moins enfermée dans les périmètres du litige

Si en matière contentieuse, les demandes et l'argumentation du requérant cadre le contexte du litige, il n'est cependant pas exclu que le CRD procède à une requalification juridique des faits (**a**). Dans le cadre de sa mission de règlement des différends, celui-ci apporte une réponse adéquate aux irrégularités ou illégalités constatées (**b**).

a. La possibilité d'une requalification avant le traitement du fond

Le CRD cherche toujours à trancher le litige conformément aux règles de procédure applicables devant lui et de la réglementation applicable aux marchés publics. Cet impératif implique des pouvoirs plus ou moins larges de cet organe de l'ARCOP. Cela s'illustre, entre autres points, à travers le fait que le CRD ne soit pas lié par la qualification juridique donnée par le requérant. En d'autres termes, il peut procéder à une requalification juridique des faits, sans s'en tenir donc à celle contenue dans la requête.

Elle est en effet un principe directeur qui sert, d'une part, à trancher un litige conformément aux règles de droit qui lui sont applicables, et d'autre part, à donner ou restituer leur exacte qualification aux faits et actes litigieux invoqués par les parties au soutien de leurs prétentions.

Cette possibilité est très importante en ce qu'elle permet au CRD d'apporter au litige qui lui est soumis, la réponse la plus adéquate, ce qui contribue à éclaircir les règles de la commande publique, au-delà du cas d'espèce qu'il traite.

b. Une réponse appropriée aux irrégularités ou illégalités constatées

Après avoir instruit l'affaire et entendu les parties en leurs observations lors des débats, le CRD met en délibéré l'affaire pour rendre sa décision. Celle-ci doit être la plus appropriée possible aux faits soulevés dans la requête.

Bien entendu, le CRD peut bien prendre une décision de rejet fondée sur l'irrecevabilité du recours ou sur son caractère non fondé.

Comme indiqué précédemment, l'irrecevabilité peut s'expliquer par une incompétence du CRD, un défaut de recours préalable, un non-paiement de la consignation ou une forclusion. Quant au rejet du fait du caractère non fondé du recours, il tient juste au fait que les irrégularités ou illégalités alléguées par le requérant ne sont pas établies et que la procédure de passation serait parfaitement conforme à la réglementation applicable.

Cette partie met plutôt l'accent sur les réponses adéquates que pourrait apporter le CRD (hors les cas spécifiés ci-dessus à un recours qu'il juge recevable et bienfondé.

Aux termes de l'article 92 du CMP, cette décision « *ne peut avoir pour effet que de corriger la violation alléguée ou d'empêcher que d'autres dommages soient causés aux intérêts concernés, ou de suspendre ou faire suspendre la décision litigieuse ou la procédure de passation* ».

La correction de la violation alléguée consistera, pour le CRD, à dire en quoi l'Autorité contractante n'a pas respecté la réglementation applicable et demander en conséquence à celle-ci de reprendre la procédure au stade où l'irrégularité a été constatée. C'est le cas par exemple quand le CRD juge que l'évaluation des offres n'a pas été faite selon les critères énoncés dans le Dossier d'Appel d'Offres. Après un motif tiré de l'alinéa 1er de l'article 59 du code des marchés publics, le CRD en déduira l'irrégularité et l'illégalité de la procédure et ordonnera à l'Autorité contractante de reprendre l'évaluation en appliquant les critères indiqués dans le DAO.

C'est également le cas avec l'hypothèse où l'Autorité contractante ferait recours à une procédure d'entente directe alors que le motif invoqué et tiré de l'article 76 du CMP ne serait pas établi. Dans un tel cas, le processus de passation du marché sera annulé et le CRD intimera l'ordre à l'Autorité contractante de corriger la procédure en procédant à un appel d'offres ouvert.

De manière plus concrète, on peut évoquer la décision n°072 /16/ARMP/CRD du 9 mars 2016 relativement à la procédure de renseignement et de prix restreinte pour l'assistance comptable et la gestion de la paie, lancée par le Bureau de Mise à Niveau (BMN).

Dans cette affaire, le CRD jugea que l'Autorité contractante n'a pas respecté l'obligation d'information et qu'un tel manquement était « *de nature à porter atteinte à la transparence du processus en privant les candidats d'information sur la procédure de passation de la DRP* ». En outre, toujours dans cette affaire, le CRD fait savoir que « *la commission des marchés a reconnu que les notes techniques n'ont pas été lues au cours de la séance d'ouverture des propositions financières comme prévu à la clause 14.2 des IC ; (...) que seuls les candidats dont les propositions techniques ont atteint une note égale ou supérieure à la note de qualification minimale sont invités à l'ouverture des offres financières ; que les notes techniques ont été communiquées au moment de l'attribution provisoire du marché ; que le non-respect de cette formalité, a empêché le requérant d'exercer son droit de recours avant la tenue de la séance d'ouverture des offres financières* ».

S'appuyant sur de tels motifs, le CRD jugea que la procédure était nulle. Dans cette affaire, les mesures adéquates selon le CRD étaient l'annulation de la procédure et sa reprise, ce qu'il décida.

Mais il convient de préciser que, dans certains cas, l'irrégularité peut bien être établie sans pour autant que le CRD n'en tire les conséquences attendues par le requérant. Il en est ainsi quand le CRD juge que l'irrégularité en question n'est pas substantielle et ne saurait impliquer que la procédure soit corrigée.

2.3.2. La portée de la décision du CRD

Les décisions du CRD, de par le statut de l'ARCOP, sont contraignantes et immédiatement exécutoires (**a**) ; mais au regard de l'importance de la commande publique dans l'économie nationale et des enjeux que constituent les marchés publics pour les opérateurs économiques, il nous parait important d'ouvrir une fenêtre de réflexion sur le concept de faculté de jugement (**b**).

a. Un caractère contraignant et immédiatement exécutoire

Aux termes de l'article 92 du CMP, la décision du CRD *« est finale, contraignante et immédiatement exécutoire par l'autorité contractante »*. En d'autres termes, l'Autorité contractante doit immédiatement tirer toutes les conséquences liées à la décision du CRD.

Si celui-ci décide de l'annulation de la procédure jugée irrégulière et ordonne sa correction et sa reprise au stade où elle n'est pas conforme à la procédure, l'Autorité contractante doit s'y conformer.

Elle a ainsi l'obligation de prendre toutes mesures de nature à remédier aux irrégularités constatées. Ainsi, s'expose à des poursuites disciplinaires, outre l'irrégularité de la procédure qui subsisterait, toute Autorité contractante qui refuserait d'exécuter la décision du CRD en poursuivant le processus de passation d'un marché public.

Cette obligation est de rigueur même dans l'hypothèse où elle entendrait saisir la Cour Suprême d'un recours en annulation de la décision du CRD. En effet, quelle que soit la partie qui conteste juridictionnellement la décision du CRD, le caractère exécutoire de celle-ci justifie qu'un tel recours ne soit pas suspensif.

b. <u>Fenêtre de réflexion sur le concept de "faculté de jugement"</u>

Ce concept de « faculté de jugement » est généralement évoqué au stade de l'évaluation des offres. Ce qui est préconisé ici, c'est que le CRD, à l'occasion de l'examen des recours portant sur l'évaluation des offres ou l'attribution d'un marché, vérifie si en fonction des éléments des différentes offres, l'Autorité contractante ne pouvait pas faire preuve d'une certaine "faculté de jugement".

Afin de préserver les principes d'économie dans les dépenses publiques, sans pour autant que cela nuise à la qualité des prestations, il est souhaitable de favoriser l'introduction, dans les processus d'évaluation des offres, d'une faculté de jugement en lieu et place d'une application trop rigide des critères. Dans certains cas, cette faculté de jugement peut avoir un effet positif sur l'accès des petites et moyennes entreprises.

La mise en œuvre de cette faculté de jugement peut, par exemple, consister en l'examen de la conformité de certains documents administratifs à un stade ultérieur de la procédure à travers des demandes de clarification ou des attributions sous conditions, en lieu et place d'un rejet de l'offre pour non-conformité. Mais, pour cela, il faudrait que ces non-conformités n'affectent pas l'équité de la compétition ou le prix de l'offre soumise par le soumissionnaire requérant.

A titre d'exemple, la faculté de jugement dans l'application des critères comme ceux financiers peut, dans certains cas, avoir pour objet de rendre l'évaluation des offres plus intéressante pour les finances publiques, sans pour autant que cela préjudicie aux exigences indiquées dans le cahier des prescriptions techniques.

Dans une étude réalisée pour la BAD, l'importance de cette faculté de jugement est évoquée à travers un projet relatif aux travaux de bitumage de la route N'dali-Nikki (Bénin). Dans cette procédure, il est indiqué qu'« *une entreprise nettement moins chère avait été éliminée pour non fourniture de ligne de crédit, alors même que le CA annuel requis était de 20 milliards de francs CFA sur 5 ans, et que son CA pour la même période oscillait entre 500 et 1.600 milliards de francs CFA. En l'espèce, la capacité financière de l'entreprise ne fait pas de doute. L'évaluation globale et combinée des critères spécifiquement financiers (un niveau conséquent de chiffre d'affaires peut compenser la non-conformité du critère relatif à la ligne de crédit) assurerait le respect du principe d'économie* ».

Toujours pour la BAD, il lui a été recommandé d'envisager de « *requérir la production des documents de qualification uniquement des entreprises retenues pour la signature du contrat* ». Ainsi, « *l'évaluation d'autres critères, notamment en matière d'équipements et de personnels, ou encore la conformité de certains documents administratifs pourrait enfin être envisagée à un stade ultérieur de la procédure* ».

Outre les possibilités précitées relativement aux capacités financières, si elle est instaurée, la faculté de jugement pourra permettre de prévoir, soit des attributions sous conditions, soit la production ou la clarification de certaines pièces comme : le CV du personnel, la qualification académique (diplômes), le statut de l'entreprise, la garantie bancaire etc.

A l'occasion de l'examen des requêtes qui lui sont soumises, le CRD pourrait envisager d'introduire, de manière raisonnable, ce concept de "faculté de jugement" en enjoignant aux Autorités contractantes de reprendre le processus d'évaluation des offres, à chaque fois que les particularités de l'affaire le justifient. S'il s'avère que son recours préalable devant l'Autorité contractante (ou son supérieur hiérarchique) et son action devant le CRD de l'ARCOP n'ont pas prospéré, l'opérateur économique a la possibilité de saisir la juridiction compétente contre la décision de ce dernier.

CHAPITRE II : LE RECOURS JURIDICTIONNEL CONTRE LA DECISION DU CRD : savoir définir une stratégie pour son action

Le recours juridictionnel dirigé contre la décision du CRD vise l'annulation de celle-ci par le juge compétent. La démarche à adopter dans cette procédure requiert bien évidemment beaucoup de rigueur puisque, comme pour les précédentes instances, une démonstration de l'irrégularité de la procédure suivie par le CRD, ou du caractère non fondé de sa décision, devra être effectuée de manière claire et convaincante.

Tout en se livrant à une telle démonstration, le requérant cherchera, logiquement, à obtenir du juge l'annulation de la procédure de passation du marché, mais encore faudrait-il développer des moyens spécifiques à cet effet.

Mais le dernier alinéa de l'article 92 du CMP précise bien que ce recours juridictionnel n'est pas suspensif. Cela signifie donc que la saisine du juge contre une procédure qui, en fin de compte, vise l'annulation de la procédure de passation, ne fait pas forcément obstacle à la signature du marché et à son exécution.

Ces quelques indications établissent que, pour l'opérateur économique qui entend défendre efficacement ses intérêts dans le cadre d'une procédure contentieuse contre la passation d'un marché public, il ne suffira pas uniquement de saisir le juge compétent. Le requérant gagnerait à inscrire son recours juridictionnel dans une stratégie bien pensée, selon les particularités de l'objet du litige.

Parallèlement à la requête aux fins d'annulation (**1**), il peut être très utile, en fonction du but poursuivi par l'action en justice, d'introduire, devant la même juridiction, une procédure de référé (**2**).

1. L'introduction d'une requête aux fins d'annulation

Dans sa saisine de la Cour Suprême aux fins d'annulation de la décision du CRD de l'ARCOP, l'opérateur économique doit adopter une démarche conforme aux règles régissant la procédure devant cette juridiction. Seul le respect desdites règles est susceptible de lui garantir, a priori, l'examen du fond de sa demande. Sur ce dernier point, il est évident qu'une construction et une argumentation juridique rigoureuses contre la solution retenue par l'ARCOP et, par la même occasion, contre la procédure de passation du marché, sont indispensables à cette action devant la juridiction suprême.

A ce stade du contentieux, trois points doivent donc nécessairement être maitrisés :

- les questions de forme et de procédure devant la Cour Suprême (**1.1**),
- la typologie des prétentions que le requérant pourrait lui soumettre (**1.2**),
- le contrôle effectué par le juge (**1.3**).

1.1. Les questions de forme et de procédure

La maîtrise de ces questions de forme et de procédure devant la Cour Suprême est essentielle pour la suite de l'action contentieuse contre le processus de passation visé et la décision contestée du CRD de l'ARCOP.

Quatre points seront traités ici :

- la question du délai de recours (**1.1.1**),
- l'intérêt à agir (**1.1.2**),
- les règles de présentation et d'introduction de la requête (**1.1.3**),
- l'articulation de la requête (**1.1.4**).

1.1.1. La question du délai de recours

Aucune disposition dans le Code des marchés publics, ses textes d'application, ou le Code des Obligations de l'Administration, n'apporte des précisions spécifiques à la procédure juridictionnelle contre la décision rendue par le CRD de l'ARCOP.

Il n'en demeure pas moins, que par interprétation de certaines dispositions de l'un ou l'autre de ces textes, il est possible d'apporter des indications qui pourraient être utiles à l'opérateur économique qui entend contester une décision rendue par le CRD de l'ARCOP et qui lui est défavorable.

Tout d'abord, sur la question du délai, le second alinéa de l'article 92 du code des marchés publics dispose que « *Le candidat qui s'estimerait débouté à tort conserve ses droits à réclamer réparation du préjudice subi devant les juridictions compétentes. Ce recours n'a cependant pas d'effet suspensif* ».

On reviendra sur l'objet limité que cette disposition donne au recours contre la décision du CRD de l'ARCOP[17]. En ce qui concerne le délai, aucune indication n'est apportée par celle-ci. Il faudrait donc examiner les dispositions de la loi organique n°2022-16 du 23 mai 2022 modifiant la loi organique n°2017-09 du 17 janvier 2017 (abrogeant et remplaçant la loi organique n° 2008-35 du 08 août 2008 sur la Cour suprême).

Cette loi de 2022 ajoute un article 74-1 bis à la loi organique de 2017 et qui dispose : « *Le recours contre une décision rendue par l'autorité chargée de la régulation de la commande publique est formé par simple requête enregistrée au greffe de la Cour suprême dans le délai de quinze jours à compter de la notification de l'acte attaqué* ».

---

[17] Voir infra, p.101 et s.

Ainsi, désormais, à compter de la notification de la décision du CRD de l'ARCOP, l'opérateur qui entend la contester devra saisir la Cour Suprême dans un délai de 15 jours.

Cette disposition vient préciser un régime juridique qui était jusqu'ici peu clair, et, surtout, peu adapté au contentieux des marchés publics. En effet, la loi organique n°2017-09 du 17 janvier 2017(abrogeant et remplaçant la loi organique n°2008-35 du 08 août 2008 sur la Cour suprême), en son article 74-1, n'évoquait que le contentieux classique du recours pour excès de pouvoir, avec le délai de 2 mois à compter de la publication ou de la notification de la décision administrative.

On peut comprendre ici que le législateur cherche à ne pas ouvrir, sur une durée assez longue, la possibilité de contester les décisions du CRD de l'autorité de régulation. Avec la loi organique précitée de 2022, des délais spécifiques de recours contre les décisions du CRD ont été précisés ; l'action est enfermée dans un délai de 15 jours à compter de la notification.

Sur un plan purement stratégique l'opérateur économique requérant pourra, dans les délais indiqués dans cette disposition, viser à la fois, dans sa requête, la décision du CRD et celle prise par l'Autorité contractante sur son recours préalable. Il peut également choisir de séparer les recours en introduisant simultanément auprès de la Cour Suprême, deux requêtes, l'une visant la réponse de l'Autorité contractante, et l'autre dirigée contre la décision du CRD.

Toutefois, la première option (la requête unique), est mieux indiquée car ce n'est que le contentieux de la passation, depuis ses origines, qui se poursuit devant la Cour Suprême.

En outre, considérant que par son recours auprès du CRD, l'opérateur économique conteste la régularité de la procédure de passation d'un marché public, il serait plus judicieux, dans le cas où cet organe le débouterait, qu'il saisisse immédiatement la chambre administrative de la Cour Suprême. Pour le requérant, l'idée est de faire comme si la réglementation applicable avait institué un recours juridictionnel à bref délai (moins de 15 jours). Un pays comme le Mali a résolu ce problème en indiquant que le recours juridictionnel contre la décision du CRD de l'ARMDS doit se faire dans un délai de trois (3) jours.

1.1.2. L'intérêt à agir et la qualité à agir

La formule est bien connue, «*pas d'intérêt, pas d'action*». Appliquée à la procédure, elle signifie que l'action dont il est question à ce stade du contentieux n'est ouverte qu'au justiciable qui pourrait justifier que l'annulation sollicitée présente pour lui un intérêt personnel et direct. En d'autres termes, il faut qu'il soit établi que la décision attaquée fait grief à ses intérêts. Il faut comprendre l'intérêt à agir comme étant une notion autonome ; son existence n'est pas en effet subordonnée à la démonstration préalable du bien-fondé de l'action en justice.

Concernant la qualité à agir, elle suit immédiatement celle de l'intérêt à agir. C'est ce qui explique d'ailleurs l'expression « intérêt donnant qualité pour agir ». Cette qualité à agir en justice sera également vérifiée par la chambre administrative de la Cour Suprême.

La société qui introduit la requête doit avoir une existence légale au moment de la saisine de la juridiction suprême. La société doit également être valablement représentée, conformément à ses statuts (ses représentants légaux), ou par tout autre intervenant, ayant reçu un pouvoir à cet effet.

1.1.3. Les règles de présentation et d'introduction de la requête

Tout d'abord, même s'il peut être très utile, il est important de préciser que le ministère d'avocat n'est pas obligatoire à ce niveau de la procédure juridictionnelle. Aux termes de l'article 32 de la loi précitée sur la Cour Suprême, "*Sauf dispositions spéciales contraires, la Cour suprême est saisie par une requête écrite. Dans tous les cas, ni l'administration ni le défendeur ne sont tenus de constituer un avocat ".*

Toutefois, au regard de la technicité de la procédure et de la complexité des problématiques soumises à la Cour Suprême, il est évident que l'opérateur économique gagnerait à "sécuriser" sa procédure en faisant appel à un avocat, lequel se chargera de mener à bien l'action en justice conformément aux prescriptions de la loi organique n°2017-09 du 17 janvier 2017 précitée (modifiée).

Pour la recevabilité, la requête doit nécessairement identifier son auteur et le défendeur, sans oublier de préciser l'acte ou la procédure contestée. L'article 33 du texte précité sur la Cour Suprême dispose en effet que :

" La requête doit, à peine d'irrecevabilité :

1. *indiquer les noms et domiciles des parties ;*
2. *contenir un exposé sommaire des faits et moyens ainsi que les conclusions ;*
3. *être accompagnée, soit de l'expédition de la décision juridictionnelle attaquée et, le cas échéant, de la copie de la décision infirmée ou confirmée et de toutes décisions antérieures rendues entre les parties, soit de la décision administrative attaquée ou d'une pièce justifiant du dépôt de la réclamation.*

Il doit être joint à la requête autant de copies de celle-ci qu'il y a de parties en cause".

L'identification consiste à indiquer les nom et domicile des parties. Pour l'opérateur économique requérant, il s'agira de préciser sa forme, son NINEA, le numéro d'enregistrement au Registre du Commerce et du Crédit Mobilier (RCCM), son siège social (…).

Par ailleurs, l'opérateur économique qui saisit la Cour Suprême devra également joindre à sa requête tous documents utiles à sa cause. A cet effet, il devra joindre la décision contestée du CRD de l'ARCOP et tous les éléments pertinents se rapportant à la procédure de passation du marché public. Ce dossier constitué, composé de la requête et des pièces à l'appui, doit être reproduit en autant d'exemplaires qu'il y a de parties en cause.

Enfin, le requérant devra respecter le principe du contradictoire et procéder au placement de son dossier auprès du greffe. Ce principe du contradictoire implique ainsi que la requête, accompagnée de la décision du CRD de l'ARCOP, soit signifiée, par exploit d'huissier, à l'ARCOP dans les 15 jours suivant son dépôt au greffe de la Cour Suprême. Si cette formalité de signification n'est pas respectée, l'article 74-1bis, de la loi organique précitée de 2022 indique très clairement que le recours sera frappé de déchéance.

Mais il est vivement recommandé également que cette même requête à laquelle sera annexé l'élément contesté de la procédure de passation du marché litigieux, soit aussi signifiée à l'Autorité contractante.

Après ces significations, les originaux des exploits d'huissiers, accompagnés des pièces qui lui sont annexées, avec des précisions sur les modalités de remise des actes, seront immédiatement déposés au greffe.

1.1.4. L'articulation de la requête

La requête doit être articulée d'une manière à faire ressortir de manière très claire les différentes parties exigées au point 2 de l'article 33 précité de la Cour Suprême. Celui-ci indique que la requête doit "*contenir un exposé sommaire des faits et moyens ainsi que les conclusions*".

Dans le cadre d'un recours pour excès de pouvoir, l'opérateur économique devra prêter une attention particulière aux cas d'ouverture de celui-ci, lesquels sont regroupés en deux catégories :

- les cas d'illégalité externe : l'incompétence, le vice de procédure, le vice de forme et l'absence de motivation.

La question de la compétence est d'ordre public. Ceci implique que si une incompétence entache une décision du CRD en violation des textes qui lui sont applicables, la décision encourue est forcément une annulation par la Cour Suprême. Une telle illégalité externe est irrégularisable.

Mais, pour le cas d'une irrégularité non substantielle de procédure (autre cas d'illégalité externe), l'annulation de la décision du CRD de l'ARCOP peut ne pas être décidée par la Cour Suprême si le vice établi et constaté n'a pas eu d'influence déterminante sur le sens de la décision objet du litige. Cette même remarque vaut pour le vice de forme.

- les cas d'illégalité interne :

Ils sont plus nombreux que les précédents et il s'agit notamment de :

- l'illégalité en raison du contenu de l'acte, appelée également « violation directe de la loi »,
- l'illégalité en raison du but de l'acte, en l'occurrence le « détournement de pouvoir ou de procédure » ; c'est le cas quand le CRD utilise les pouvoirs qui lui ont été conférés dans un but différent de celui qui lui a été fixé par le décret précité portant sa création,
- l'erreur de droit,
- le manque de base légale,
- la méconnaissance du champ d'application d'une règle de droit,
- la fausse interprétation de la règle de droit : c'est le cas quand le CRD se méprend sur le sens ou

la portée d'un texte applicable aux marchés publics et sur lequel sa décision a été fondée.

La violation de la loi comme cas d'ouverture est plus ou moins fréquent dans le contentieux devant la Cour Suprême. C'est le cas quand l'opérateur économique requérant soutient que le CRD de l'ARCOP s'est trompé dans l'application du code des marchés publics (ou un autre texte régissant le litige) aux faits qu'il a constatés. Cette illégalité concerne surtout le contenu de l'acte attaqué puisque les dispositions de ce dernier violeraient directement le droit en vigueur.

On vise donc là toute illégalité qui ne s'analyse pas en une incompétence, en un vice de forme ou en un détournement de pouvoir. Il s'agit d'un cas d'ouverture très large et le juge, dans le contrôle, confrontera le contenu de l'acte aux normes juridiques applicables.

Le manque de base légale, pour sa part, est un moyen invoqué par le requérant lorsque la décision attaquée ne permet pas de voir exactement si son auteur a décidé en droit ou en fait, du fait de l'insuffisance de motifs. Cette situation ne permet pas en effet de voir si la règle de droit a été correctement mise en œuvre. Il s'agit donc ici d'un cas d'ouverture puisqu'il s'applique à la situation où la décision attaquée par le requérant n'est pas assez motivée pour permettre à la Cour Suprême d'exercer son contrôle relativement à l'application qui a été faite de la loi.

A titre d'exemple, l'article 73 du code des marchés publics définit précisément les cas où une Autorité contractante peut passer un appel d'offres restreint. Contestant le recours à une telle procédure lancée sur la base d'une situation jugée urgente (article 73.2-a du code des marchés publics), un opérateur économique saisit l'Autorité contractante puis le CRD de l'ARCOP. Celui-ci rejeta son recours en jugeant que l'urgence était bien établie. Toutefois, le CRD n'a aucunement indiqué en quoi la situation était urgente ou a procédé à une motivation insuffisante au regard de la définition juridique que le code des marchés publics donne à cette notion d'urgence. Dans ces conditions, on est en présence d'un probable manque de base légale qui justifierait l'ouverture du recours devant la Cour Suprême.

On pourrait également ajouter le défaut de base légale. C'est le cas par exemple quand la décision est fondée sur un texte qui n'est pas encore en vigueur ou qui est sorti de l'ordre juridique (à la suite d'une abrogation).

Quant à l'erreur de droit, elle peut être soulevée quand le requérant estime que le CRD a, par rapport au litige qui lui été soumis, procédé à une fausse application ou une fausse interprétation de la règle de droit. Le requérant peut, par exemple, considérer que la qualification juridique retenue par l'organe de recours non juridictionnel n'est pas celle qui se prêtait au litige. Ce concept de qualification consiste, pour l'organe appelé à trancher un litige, à faire entrer un fait ou un ensemble de faits dans une catégorie juridique dans le but de permettre l'application d'une règle de droit spécifique. Or, il est évident que si la qualification juridique retenue n'est pas appropriée, la conséquence inévitable sera l'application de la « mauvaise » règle de droit.

1.2. Quelles prétentions devant le juge ?

Il est important d'apporter des précisions sur les prétentions que le requérant peut soumettre au juge dans le cadre de son action en contestation de la décision du CRD de l'ARCOP. Les prétentions sont les mesures que le requérant demande au juge de prendre dans l'hypothèse où son action serait bien fondée.

Mais, sur ce point, comme nous le verrons, le code des marchés publics, en son article 92, est assez ambiguë (**1.2.1**) si on considère que les prétentions attendues à ce stade de la procédure juridictionnelle sont logiquement axées autour de l'annulation de la décision du CRD de l'ARCOP au moyen d'un recours pour excès de pouvoir, et toutes les conséquences qu'il faut en tirer sur la procédure de passation du marché (**1.2.2**).

1.2.1. L'ambigüité de l'article 92 du code des marchés publics

Aux termes du dernier alinéa de l'article 92 du code des marchés publics, *« Le candidat qui s'estimerait débouté à tort conserve ses droits à réclamer réparation du préjudice subi devant les juridictions compétentes. Ce recours n'a cependant pas d'effet suspensif »*. Cette disposition laisse entendre que le but du recours contre la décision du CRD de l'ARCOP serait une demande indemnitaire.

Toutefois, les demandes indemnitaires relevant du contentieux de pleine juridiction, cette action devrait être portée devant le tribunal de grande instance compétent. En effet, aux termes de l'article 19 du Décret n° 2015-1145 du 03 août 2015 fixant la composition et la compétence des cours d'appel, des tribunaux de grande instance et des tribunaux d'instance, « *Les tribunaux de grande instance connaissent tant en matière civile que commerciale de l'ensemble des matières qui ne sont pas de la compétence des tribunaux d'instance.*

Ils connaissent également de l'ensemble du contentieux administratif de pleine juridiction et fiscal. »

Dès lors, cette demande indemnitaire, qui relève du contentieux de pleine juridiction devra être portée en premier ressort devant cette juridiction, et non devant la Cour Suprême.

Pourtant, et au demeurant, une autre interprétation pourrait aussi indiquer que cette disposition n'exclue pas explicitement une demande d'annulation à formuler dans le cadre de ce recours contre la décision du CRD, ce qui viendrait confirmer la grande ambiguïté de cet article 92 du code des marchés publics qui en même temps qu'il ne dit pas grand-chose, jette énormément le trouble sur la procédure après l'étape de devant le CRD, par rapport aux prétentions du requérant.

En tout état de cause, il est évident que le contenu de cette disposition placerait plutôt ce recours dans le champ du contentieux indemnitaire, lequel est différent de celui dit « objectif », qui pose spécifiquement une question de légalité.

Toujours est-il que la question de l'indemnisation peut se poser avec intérêt dans le cadre du recours contre la décision du CRD. Mais la disposition susvisée du code des marchés publics, combinée à l'article 19 du décret n° 2015-1145 du 03 août 2015, semble obliger le requérant à choisir entre la poursuite de sa contestation aux fins d'annulation et celle d'une action indemnitaire. Dans la première option, il saisira la Cour Suprême et, pour la seconde, l'action sera introduite devant le TGI compétent.

S'il saisit la Cour Suprême pour faire annuler la décision du CRD, il est important de garder à l'esprit que ce recours n'étant pas suspensif, l'action ne fait pas obstacle à la poursuite de la procédure de passation du marché et, en conséquence, de la signature du contrat.

S'il engage un contentieux de pleine juridiction, il est évident que ce requérant devra établir le préjudice subi du fait des irrégularités ou illégalités alléguées. Ce préjudice peut tenir, par exemple, à la perte de chance (appréciée de manière stricte et restrictive), à l'engagement de frais conséquents dans le cadre de la préparation de l'offre et de la soumission, etc.

Sur l'indemnisation du requérant qui estime que sa candidature ou son offre a été irrégulièrement rejetée, il serait très utile qu'il établisse devant le juge compétent, les chances qu'il avait de remporter le marché.

En effet, lorsqu'un candidat ou un soumissionnaire à l'attribution d'un marché public demande la réparation du préjudice né de son éviction irrégulière et qu'il existe un lien direct de causalité entre la faute résultant de cette irrégularité et les préjudices invoqués, il appartient toujours au juge de vérifier si l'intéressé était ou non dépourvu de toute chance de remporter le marché en question. Si l'examen des éléments de l'affaire révèle que le requérant, eu égard au contenu de son dossier et des critères d'attribution du marché, n'avait aucune chance de remporter le marché, il n'aura pas droit, en principe, à une indemnisation.

En revanche, si cet examen démontre clairement qu'il disposait de sérieuses chances de remporter le marché, et que son éviction était irrégulière, il aura droit, en principe, à une indemnisation de son manque à gagner, incluant nécessairement, puisqu'ils ont été intégrés dans ses charges, les frais de présentation de sa candidature et / ou de son offre (si ces derniers n'ont pas fait l'objet d'une indemnisation spécifique).

L'article 92 précité du code des marchés publics reste assez évasif sur ce recours indemnitaire auprès des « juridictions compétentes » et il appartient à l'opérateur économique de bien monter son dossier de saisine du juge, avec des demandes précises bien justifiées.

1.2.2. La demande d'annulation de la décision du CRD de l'ARCOP dans le cadre d'un recours pour excès de pouvoir

L'opérateur économique qui se pourvoit auprès de la chambre administrative de la Cour Suprême contre la décision du CRD de l'ARCOP qu'il juge non conforme à la réglementation applicable à la cause, demande principalement son annulation. C'est donc un contentieux de la légalité qui se pose à ce niveau. Ce point de vue est d'autant plus défendable si on considère la structuration de l'article 74 de la loi organique précitée sur la Cour Suprême et qui est consacré au recours pour excès de pouvoir. C'est cet article 14 qui vient, justement, chapoter le nouvel article 74-1 bis sur les délais de saisine de la Cour Suprême, contre les décisions du CRD de l'ARCOP.

Par souci de clarté, il convient de prendre en considération l'exposé de motif de la loi portant création de la Cour Suprême qui précise que celle-ci *« connait, par la voie du recours en cassation, des décisions rendues en dernier ressort par les organismes administratifs à caractère juridictionnel ou par les cours et tribunaux, en matière administrative »*. Sur ce point, il est très important de préciser que le CRD de l'ARCOP n'a pas un caractère juridictionnel ; l'ARCOP, prise dans sa globalité, est une autorité administrative (indépendante) certes, mais différente des administrations classiques. On pourrait donc en déduire que celle-ci ne serait pas concernée par cet aspect de la loi précitée.

Mais il faudrait prendre en compte l'article 1er de la loi sur la Cour Suprême qui dispose :

« *La Cour suprême est juge, en premier et dernier ressort, de l'excès de pouvoir des autorités exécutives, ainsi que de la légalité des actes des collectivités locales (...)* ».

Cette disposition, combinée à celle de l'article 74-1 bis précitée, posent donc la compétence de la chambre administrative pour connaître, du recours pour excès de pouvoir dirigé contre une décision du CRD de l'ARCOP. Les cas d'ouverture d'un tel recours sont aussi ceux indiqués précédemment[18].

Sur la stratégie, il est utile, pour le requérant, de ne pas exclusivement viser dans sa requête la décision contestée du CRD de l'ARCOP. En effet, au-delà de celle-ci, c'est la procédure de passation du marché que le requérant vise. En conséquence, comme indiqué précédemment, il faudrait que dans sa démonstration, le requérant arrive à établir une connexion entre les griefs faits à la décision du CRD et les irrégularités ou illégalités de la procédure de passation. L'objectif est que le juge tire toutes les conséquences de l'annulation de la décision du CRD, laquelle peut emporter celle de la procédure de passation du marché.

1.3. Le contrôle du juge

Dans le cadre d'un recours en annulation contre une décision du CRD de l'ARCOP, avec des prétentions visant donc également la procédure de passation du marché. En fonction des moyens développés par l'opérateur économique requérant et des

[18] Voir supra, p.99 et s.

spécificités du litige, le juge procédera à un contrôle de pure légalité **(1.3.1)** ou à un contrôle d'opportunité **(1.3.2)**.

1.3.1. Un contrôle de pure légalité

Tout naturellement, le juge saisi d'un recours contre une décision du CRD de l'ARCOP opérera un pur contrôle de légalité. Aux termes de l'article premier de la loi sur la Cour Suprême :

" *Sous réserve des matières relevant de la compétence d'attribution d'autres juridictions, la Cour suprême se prononce sur les pourvois en cassation dirigés contre :*

- les jugements et arrêts rendus en dernier ressort par toutes les juridictions;
- les décisions définitives des organismes administratifs à caractère juridictionnel ;

(...) La Cour suprême est juge, en premier et dernier ressort, de l'excès de pouvoir des autorités administratives ainsi que de la légalité des actes des collectivités territoriales (...).

La Cour suprême, statuant sur les pourvois en cassation, ne connaît pas du fond des affaires".

Avec la saisine de la Cour Suprême, et sur la base de cet article, le requérant demande à cette juridiction de censurer la décision du CRD de l'ARCOP puisqu'il considère que celle-ci serait non-conforme aux règles de droit. La décision du CRD de l'ARCOP sera ainsi contrôlée sous l'angle de la pure légalité, en référence au bloc de légalité. En conséquence, la décision du CRD de l'ARCOP pourra être confrontée, en fonction du litige, de son objet, de la problématique soulevée par le requérant (...) au code des marchés publics, au Code des Obligations de l'Administration, aux principes généraux du droit, aux directives de l'UEMOA applicables, etc.

Dans la requête, l'opérateur économique requérant devra nécessairement être précis dans les moyens qu'il soulève et indiquer en quoi, pour chaque branche soulevée, la décision du CRD de l'ARCOP ne serait pas conforme à la règle de droit prise et visée comme norme de référence. Si les griefs soulevés contre la décision du CRD ne sont pas justifiés, si les moyens ne sont pas fondés selon la Cour qui estime, dans son contrôle de légalité, que l'organe de régulation a bien appliqué le droit, alors le recours sera tout simplement rejeté.

A titre d'exemple, c'est ce qu'il s'est passé dans l'affaire *GROUPEMENT MOHAN EXPORTS PVLT/NEPTUNE, COMPANY/MODEM PRÉFAB SYSTEM c/ L'ARMP et l'Etat du Sénégal.*

Cette affaire concernait un appel d'offres avec pré-qualification, portant sur la réalisation de dix-neuf complexes frigorifiques pour la conservation, la congélation et le stockage de poissons, de fruits et de légumes à Dakar. Dans le cadre de cette procédure, après l'étape de la pré-qualification, le ministère de la Pêche et de l'économie maritime avait invité les groupements Expotec International LTD/Neer et Mohan Exports PVTLTD/Neptune Company/Modem Prefab System, à soumettre une offre technique et financière.

Le groupement Expotec avait saisi le Comité de règlement des différends (CRD) qui, par décision n° 147/15/ARMP/CRD du 10 juin 2015, a ordonné l'annulation de la procédure d'attribution provisoire et la reprise de l'évaluation. A la suite de cette décision, l'Autorité contractante reprit l'évaluation des offres et attribua le marché au groupement Expotec.

Contestant cette décision, son concurrent, le groupement Mohan, saisit la Cour Suprême en soulevant un moyen unique tiré de la violation, d'une part, de l'article 71 du code des marchés publics. Selon ce moyen, considérant qu'il s'agissait d'une procédure d'appel d'offres avec pré-qualification, le CRD, statuant sur un litige portant attribution provisoire du marché,

« ne pouvait et ne devait plus revenir sur les critères déjà examinés pendant la phase de pré-qualification » et, d'autre part, en application des articles 59 et 70 du même, « le CRD ne pouvait en droit et en fait écarter les critères retenus par l'Autorité contractante et imposer des nouvelles règles de jeu non retenues dans les documents d'appel d'offres et dans le code des marchés publics, notamment le fait de procéder à l'évaluation sans appliquer la grille de notation ».

On le voit, dans la construction de ce moyen, le requérant s'appuie sur des textes du code des marchés publics en visant des articles bien précis, lesquels, selon lui, n'ont pas été respectés par l'Autorité contractante et le CRD.

Dans son raisonnement, la Cour commença par rappeler que « *il résulte des dispositions de l'article 21 du décret n° 2007-546 du 6 avril 2007 portant organisation et fonctionnement de l'ARMP que la commission litiges statue sur les irrégularités et violations des réglementations communautaires et nationales qu'elle constate, ordonne toute mesure conservatoire, corrective, ou suspensive de l'exécution de la procédure de passation des marchés et ses décisions sont exécutoires et ont force contraignante sur les parties* ».

La Haute juridiction ajoutait que « *le CRD, saisi d'un recours, est tenu de vérifier la conformité du dossier d'appel à la concurrence suivant les dispositions légales et réglementaires* ».

Et pour trancher ce litige, la Cour a jugé que :

« *Tant que la procédure est en cours, les organes de contrôle gardent leurs prérogatives, puisque l'épuisement d'une phase n'emporte pas régularité de la procédure et ne lie pas ceux-ci, surtout lorsqu'ils sont confrontés à des irrégularités ou manquements ;*

Que c'est donc à bon droit que le CRD a annulé la procédure d'attribution du marché et ordonné la reprise de l'évaluation, après avoir relevé que le mode d'évaluation établi dans le dossier d'appel d'offres n'est ni prévu par la règlementation ni consacré par la pratique des marchés publics pour ce qui concerne les marchés de travaux, de fournitures et services ».

C'est sur la base d'un tel raisonnement, fondé sur la légalité (ici, en vérifiant si la décision du CRD se justifiait en droit, par rapport au code des marchés publics), que la Cour rejeta le moyen, et le recours dans son ensemble[19].

En outre le contrôle de la Cour Suprême porte aussi sur des règles formelles ou procédurales. Dans le cadre de cet aspect du contrôle de légalité exercé par la Haute juridiction par l'intermédiaire de sa chambre administrative, pourrait bien aboutir à une annulation de la décision du CRD de l'ARCOP du fait de la méconnaissance, par celle-ci, des règles de compétence, de forme ou de procédure qui s'imposaient à elle, en application du décret portant organisation et fonctionnement de l'Autorité de Régulation des Marchés Publics.

1.3.2. Un contrôle de l'opportunité en fonction des intérêts à préserver ?

On peut légitiment se poser la question de savoir si, au regard de la matière sur laquelle porte ce contentieux, en l'occurrence les marchés publics, avec donc des données ou intérêts touchant à l'économie, le contrôle qu'effectue le juge de la Cour Suprême sur les décisions du CRD de l'ARCOP, ne dépasserait pas dans certains cas, le strict cadre de la légalité pour glisser sur le terrain de l'opportunité.

Selon l'objet du contentieux à trancher, " *le juge de la cour suprême doit pouvoir apprécier les arguments des parties et être pénétré des méthodes du droit économique pour apprécier le débat qui se déroule devant lui et y répondre* (…). *Il s'agit, pour*

[19] Cour Suprême, arrêt n°13, du 09 février 2017.

le juge, d'appliquer un droit qui l'invite à chausser des lunettes d'économistes pour aborder les faits"[20].

Cela suppose une large palette pour ce juge qui, jusque-là, est traditionnellement et avant tout, garant de la légalité. Cette palette à élargir, et que les acteurs publics ou privés du contentieux des marchés publics doivent prendre en compte dans leurs actions en demande ou en défense, doit être "challengé" par des moyens qui amèneraient le juge à procéder à une analyse sur des questions comme la concurrence (au-delà des seules règles de publicité par exemple), les concepts de marchés similaires et de prestations analogues, etc.

Avec le contentieux des marchés publics et selon la problématique posée par le litige qui lui est soumis, le juge de la Cour Suprême, est placé "*au cœur de l'élaboration de droit de la régulation économique (...). Ainsi, plus le juge a des connaissances techniques, plus il peut avancer dans le contrôle d'opportunité des décisions de l'autorité de régulation sectorielle*"[21].

Mais il faut reconnaître qu'une telle approche reste sujette à discussion car ce contentieux est toujours présenté et vu comme portant sur la légalité et que le juge de la Cour Suprême ne devrait pas "s'aventurer" sur le thème de l'économie, mais devrait plutôt se limiter à contrôler sur le fond et en référence au bloc de légalité: le raisonnement suivi, la qualification juridique retenue, l'existence et l'exactitude matérielle des faits.

2. De l'intérêt d'introduire une procédure de référé

La saisine de la Cour Suprême contre une décision du CRD de l'ARCOP doit se faire avec la conscience que ce recours n'est pas suspensif. En conséquence, aux fins de préserver utilement ses intérêts, l'opérateur économique peut entreprendre, outre ce

[20] Dr Mamadou Yaya DIALLO : *Le juge de l'administration et la régulation des marchés publics au Sénégal,* Afrilex, mai 2015, p.30
[21] Ibid. p.30

recours au fond, d'introduire devant cette même Cour une demande d'un référé-suspension.

Après des considérations conceptuelles (**2.1**), seront exposées les conditions de recevabilité de la demande de référé-suspension (**2.2**) ainsi que celles tenant au fond (**2.3**).

2.1. Considérations conceptuelles

Sur le plan conceptuel, la demande de référé-suspension peut être analysée comme étant une sorte de référé précontractuel (**2.1.1**) tendant à préserver les intérêts du requérant avant la signature du contrat de marché (**2.1.2**).

2.1.1. Une sorte de référé précontractuel

Le référé précontractuel est une action préventive largement développée en France dans le domaine du contentieux administratif de la commande publique. C'est une action d'urgence dont l'objectif est de faire obstacle à la poursuite du processus de passation du marché en attendant une décision du juge sur le recours au fond.

Plus précisément, « *Ce recours a pour but de prévenir la passation d'un contrat, qui méconnaîtrait les règles de publicité et de mise en concurrence applicables. Il permet aux candidats constatant un manquement à ces règles d'obtenir du juge du référé qu'il prononce les mesures nécessaires pour y remédier, avant la signature du contrat* »[22].

Cette action est reconnue aux candidats évincés et à ceux dits « potentiels ». Ces derniers pourront soutenir que la violation des obligations de publicité et de mise en concurrence a rendu impossible leur participation à la procédure. C'est par exemple le cas quand une autorité soumise au code des marchés fait usage d'une procédure dérogatoire à l'appel d'offres ouvert alors que,

---

[22] *Les recours contentieux liés à la passation des contrats de la commande publique*. Document du Ministère de l'Economie et des Finances, Direction des Affaires Juridiques, janvier 2015, page 1.

selon ce candidat potentiel, c'est ce dernier qui devait être mis en œuvre pour la passation du marché.

Mais il y a une limite au parallèle entre le référé-suspension reconnu en droit sénégalais (et analysé du point de vue du contentieux des marchés publics) et le référé précontractuel en droit français.

En effet, comme nous le verrons, en examinant une demande de référé-suspension, le juge sénégalais ne statue pas sur le fond de l'affaire puisqu'il n'est pas saisi du principal. S'il fait droit à la demande du requérant, il se limitera à suspendre l'acte attaqué. Or, en droit français, avec le référé précontractuel, le juge a des pouvoirs du juge de fond. Dans ce contentieux, *« Il peut ordonner à l'auteur du manquement de se conformer à ses obligations, suspendre et annuler l'exécution de toute décision qui se rapporte à la passation du contrat, supprimer les clauses ou prescriptions destinées à figurer dans le contrat. Pour les contrats passés par les entités adjudicatrices, le juge dispose de pouvoirs moins étendus : injonction, suspension, astreinte ».* Il peut ordonner de recommencer toute la procédure ou de la reprendre là où le manquement est apparu, exiger la réintégration d'un candidat évincé ou imposer la communication des motifs de rejet. Ces pouvoirs peuvent être utilisés par le juge, sauf s'il estime, en considération de l'ensemble des intérêts susceptibles d'être lésés et notamment de l'intérêt public, que les conséquences négatives de ces mesures pourraient l'emporter sur leurs avantages. A la demande du pouvoir adjudicateur, le juge est tenu d'effectuer le bilan coûts / avantages des injonctions qu'il est susceptible de prononcer.[23]

2.1.2. Préserver ses intérêts avant la signature du contrat

Au regard des précisions ci-dessus, sur ses ressemblances avec le référé précontractuel, le référé-suspension permet donc au requérant de préserver ses intérêts avant la signature du contrat. S'il estime que le rejet de son action par le CRD de

[23] MEF France, précité. p.3

l'ARCOP n'est pas fondé et que l'Autorité contractante n'a pas respecté les principes fondamentaux de la commande publique, cette action en référé peut permettre la suspension de la procédure et même une reprise des opérations de passation si le recours au fond est jugé bien fondé par le juge. Les intérêts préservés par ce référé-suspension peuvent être mis en péril par :

- des manquements aux règles de publicité,
- des prescriptions discriminatoires dans le Dossier d'Appel d'Offres,
- une rupture d'égalité entre les candidats,
- des critères subjectifs de sélection des candidatures ou des offres.

Bien entendu, cette action en référé n'est pertinente que si le marché n'est pas signé par l'autorité contractante. Dans le cadre de cette action, le requérant devra satisfaire certaines conditions pour que sa demande de suris suspension soit recevable.

2.2. Les conditions de recevabilité du référé-suspension

Outre les conditions de recevabilité « habituelles » et applicables aux recours pour excès de pouvoir (**2.2.1**), le requérant qui introduit une action en référé-suspension devra avoir introduit, au préalable, un recours au fond (**2.2.2**).

2.2.1. Les conditions de forme « habituelles »

Ces conditions de recevabilité sont déjà traitées. Le référé-suspension devra respecter les règles de qualité à agir, de présentation, d'articulation et d'introduction d'une requête[24].

Par ailleurs, on peut citer deux autres conditions très importantes, en l'occurrence le fait que l'acte ne doit pas avoir été exécuté d'une part, et que le requérant doive nécessairement justifier d'un intérêt à la suspension de celui-ci.

Relativement à la première de ces deux conditions, il est évident que le référé-suspension devient sans objet si la décision

[24] Voir supra, p.92 et s.

du CRD de l'ARCOP est exécutée et le marché signé. Rappelons en effet que l'action en référé-suspension, dans le cadre du contentieux objet du présent ouvrage, vise à faire suspendre le processus de passation du marché litigieux.

En ce qui concerne la seconde condition, l'intérêt du requérant à la suspension de l'acte doit être direct et certain. Sur ce point, il convient de prendre en compte deux situations.

La première est celle du requérant dont l'action a été rejetée par le CRD de l'ARCOP. Auparavant, avant cette action devant le CRD, ce requérant a été soit évincé de la procédure de passation du marché ou n'a pas pu y participer en raison du type de procédure utilisé par l'Autorité contractante ou des spécificités contenues dans le DAO. Dans ce premier cas, le juge s'attachera à vérifier si le requérant avait un intérêt certain à conclure le marché. Les critères d'appréciation tiendront au lien étroit qui existerait entre l'objet social de l'entreprise et la nature des prestations envisagées dans le cadre du marché en question.

Par ailleurs, l'intérêt à agir peut aussi être établi pour le requérant qui est susceptible d'être lésé par un manquement de l'Autorité contractante. Mais le juge examinera de près le lien entre le manquement allégué et les motifs pour lesquels la candidature n'a pas été retenue ou l'offre rejetée. Ainsi, un candidat évincé d'un marché au motif que sa candidature est irrecevable ou son offre irrégulière, ne peut, en principe, avoir été lésé par un manquement de l'Autorité contractante à ses obligations en matière de publicité ou de mise en concurrence. La seule exception couvre l'hypothèse où le manquement invoqué n'est pas dépourvu de tout lien avec l'irrégularité de son offre. Ce serait le cas avec l'hypothèse où l'Autorité contractante aurait apporté des modifications au DAO, tout en décidant de réserver certains éclaircissements à un concurrent. Aura donc un intérêt à agir, le requérant dont l'offre n'aurait pas été irrégulière si ces éclaircissements lui avaient également été communiqués, en application du code des marchés publics.

La seconde situation est plus simple et c'est celle de l'opérateur économique retenu à l'issue de l'évaluation des offres et qui voit l'attribution annulée par le CRD de l'ARCOP. L'intérêt à agir de cet opérateur est direct et certain car il risque de perdre « le bénéfice » de l'attribution du marché.

2.2.2. L'introduction préalable d'un recours au fond

Outre les conditions visées ci-dessus, la demande de référé-suspension n'est recevable que si le requérant a introduit, au préalable, un recours au fond en annulation auprès de la Cour. Cette condition est parfaitement perceptible dans l'article 84 de la loi sur la Cour Suprême qui dispose : *« Quand une décision administrative fait l'objet d'une requête en annulation, le juge des référés, saisi d'une demande en ce sens, peut ordonner la suspension de l'exécution de cette décision [...] ».*

Les actes dont la suspension est demandée doivent obligatoirement être ceux qui sont visés par le recours en annulation, appelé également « recours principal » dans cette procédure spécifique. En pratique, dans le dossier de demande de référé-suspension, l'opérateur économique devra inclure la preuve du dépôt de ce recours en annulation contre la décision du CRD de l'ARCOP et la procédure de passation du marché ou ses aspects visés dans le litige au fond.

Cette condition de l'introduction préalable d'un recours en annulation est parfaitement compréhensible et permet de mieux comprendre l'esprit de la demande de référé-suspension. Avec celle-ci, l'opérateur économique instaure une sorte de dialogue avec le juge dont la teneur serait que « compte tenu du temps que prendra la résolution du fond du litige posé par le recours en annulation, il vous est demandé de neutraliser les effets de la décision du CRD de l'ARCOP et de la procédure de passation du marché, jusqu'à la date d'effectivité de votre jugement à venir ».

2.3. Les conditions de fond

Aux termes de l'article 84 précité, *"Quand une décision administrative fait l'objet d'une requête en annulation, le juge des référés, saisi d'une demande en ce sens, peut ordonner la suspension de l'exécution de cette décision, ou de certains de ses effets, lorsque l'urgence le justifie et qu'il est fait état d'un moyen propre à créer, en l'état de l'instruction, un doute sérieux quant à la légalité de la décision.*

Lorsque la suspension est prononcée, il est statué sur la requête en annulation de la décision dans les meilleurs délais ".

En application de cette disposition, deux conditions de fond sont clairement posées : l'urgence de la situation dans laquelle se trouve le requérant (**2.3.1**), et l'existence, dans le recours au fond, de moyens sérieux d'annulation (**2.3.2**).

2.3.1. L'urgence

En plus de la condition exposée ci-dessous et tenant au caractère « sérieux » des moyens développés dans le recours principal, le bienfondé de la demande de référé-suspension dépend également de l'existence, en lien avec les actes dont la suspension est demandée, d'une situation d'urgence. Celle-ci, pour la plupart des cas, tient au préjudice difficilement réparable auquel pourrait être exposé le requérant en cas d'exécution de l'acte contesté.

En matière de contentieux des marchés publics, cette urgence peut être établie dès lors que le l'opérateur économique-requérant est exposé à un risque de perte illégitime d'une chance réelle d'être attributaire d'un contrat aux implications financières essentielles pour lui. A cet effet, outre les considérations financières, pourront être utilisés comme moyens pour établir cette urgence, les moyens mobilisés par le requérant dans la phase de préparation de sa candidature et de son offre le cas échéant, l'ampleur du marché, l'importance de son objet, sa complexité, ainsi que la notoriété qu'il pourrait apporter à l'attributaire au terme d'une procédure régulière, etc.

Le requérant fournira à cet effet un dossier aussi complet que possible qui contient des pièces pertinentes se rapportant à ces critères, lesquels sont cumulatifs. Mais bien entendu, pour l'appréciation de ce préjudice, le juge vérifiera nécessairement si, compte tenu de son dossier, l'opérateur économique avait de sérieuses chances de remporter le marché. Cette condition est d'application stricte et est appréciée de manière restrictive.

2.3.2. L'existence, dans le recours au fond, d'un moyen propre à créer un doute sérieux sur la légalité de l'acte attaqué

Il faut garder à l'esprit que la demande de référé-suspension, comme toute autre demande en justice d'ailleurs, ne doit point se révéler dilatoire ou abusive. L'opérateur économique ne pourra pas espérer une suspension provisoire de l'acte visé, ou de certains de ses effets, si, dans son recours au fond, il ne développe pas dans son recours principal (au fond), au moins un moyen propre à créer, selon le juge, un doute sérieux quant à la légalité de l'acte.

Les moyens développés dans le recours principal, dans leur teneur et leur pertinence, doivent susciter chez le juge saisi de la demande de référé-suspension, un doute sérieux quant à la légalité et le bienfondé de l'acte attaqué[25]. A ce niveau, peu importe que ce doute porte sur la légalité externe ou interne de l'acte visé.

On peut prendre l'exemple d'un opérateur économique dont l'offre n'a pas été évaluée la moins-disante ou a été déclarée non conforme ou inacceptable. L'opérateur en question a été débouté devant le CRD de l'ARCOP et il saisit par la suite la chambre administrative de la Cour Suprême. En plus d'un recours principal au fond, il introduit devant celle-ci une demande de référé-suspension contre la décision du CRD de l'ARCOP et la procédure de passation du marché. Dans son recours principal, l'opérateur économique développe un moyen tiré du fait que l'Autorité contractante n'aurait pas respecté les règles de publicité sans que le CRD ne censure ces irrégularités. Du fait de

---

[25] Le requérant pourrait s'appuyer sur le nouvel article 83 de la loi sur la Cour Suprême qui dispose :
« *Il est institué un juge des référés en matière administrative.*
Il statue par des mesures qui présentent un caractère provisoire. Il n'est pas saisi du principal et se prononce dans les meilleurs délais (...) ».

la teneur de ce raisonnement, des motifs du rejet de sa candidature ou de son offre, et de ceux invoqués par le CRD de l'ARCOP pour juger que son action n'est pas bien fondée, ce moyen ne peut être jugé propre à provoquer un doute sérieux sur la légalité et le bienfondé des décisions attaquées dans le recours principal.

L'issue pour le demande de référé-suspension pourrait être différente si cet opérateur arrive à démontrer rigoureusement dans son recours principal qu'il y a un lien direct entre les manquements aux règles de publicité et le caractère non conforme ou inacceptable de son offre, ou le fait qu'elle ne soit pas évaluée « la moins-disante ».

Mais, indépendamment de l'argumentation développée par le requérant dans son recours principal, la suspension peut être prononcée sur la base de moyens soulevés d'office par le juge.

Dans le contentieux qui nous intéresse, il appartiendra donc au juge, saisi de la demande de référé-suspension, de soulever d'office un moyen d'ordre public propre à créer un doute sérieux quant à la légalité des actes attaqués, même si le requérant n'en a pas fait état.

Pour rappel, avant, la réforme de 2017, l'expression utilisée était plutôt « moyens sérieux ». Le juge administratif sénégalais a eu à se prononcer sur l'existence de moyens sérieux d'annulation dans le recours au fond, avec son arrêt du 25/09/2008, *Etat du Sénégal contre c/* : " *Autorité de Régulation des Marchés Publics (ARMP), Comité de Règlement des Différends de l'ARMP, Agence Autonome des Travaux Routiers (AATR)* ".

Une partie de son raisonnement est repris ci-après :

" Considérant que l'État du Sénégal sollicite le sursis à l'exécution de la décision du 27 juin 2008 du comité de règlement des différends statuant en commission des litiges de l'Autorité de Régulation des Marchés Publics qui a retenu que : (...)

Considérant qu'à l'appui de sa requête, il soulève un moyen unique tiré de la violation de la loi pris en deux branches à savoir :

La première branche du moyen tirée de la violation de l'article 1er de la loi organique sur le Conseil d'État et des articles 18 à 23 du décret n° 2007-546 du 25 avril 2007 portant organisation et fonctionnement de l'Autorité de Régulation des Marchés Publics ;

La deuxième branche du moyen tirée de la violation des articles 37 al 3 du code des marchés publics, 13 et 14 de la directive n° 04/2005 de l'UEMOA ;

Considérant que les moyens ainsi soulevés paraissent sérieux en l'état actuel de l'instruction ;

Considérant que le préjudice encouru par le requérant en cas d'exécution de la décision attaquée serait difficilement réparable pour le contrôleur financier qui ne pourra plus jouer sa mission de contrôle et d'alerte dans la passation des marchés publics ;

Qu'il y a lieu d'ordonner le sursis à l'exécution de la décision attaquée par application des dispositions des alinéas 1er et 2 de l'article 36 de la loi organique n° 96-30 du 21 octobre 1996 sur le Conseil d'État modifiée par les lois organiques n° 99-70 et n° 99-72 du 17 février 1999 ».

On l'aura noté, cette affaire remontant à 2008, on était dans une situation antérieure à la réforme instituée par la loi organique n° 2017-09 du 17 janvier 2017. Mais la démarche méthodologique est restée la même, à la différence près qu'en 2008, outre la condition liée à l'existence de moyens sérieux d'annulation, le juge faisait application d'une autre condition, en l'occurrence un préjudice difficilement réparable si la décision attaquée est exécutée.

Fenêtre de réflexion

Les développements ci-dessus sur la structure du contentieux juridictionnel de la passation des marchés publics au Sénégal posent quelques pistes de réflexions sur ce régime, lesquelles sont déclinées ci-après.

- Sur la pertinence de la consécration d'un référé contractuel dans le contentieux des marchés publics au Sénégal

Au regard des impératifs de la légalité et des principes fondamentaux de la commande publique, il est parfaitement légitime de se demander s'il ne serait pas compréhensible d'instituer un recours en annulation contre les marchés publics signés, en encadrant, en termes de délai, cette action pour les candidats évincés et ceux dits « potentiels ».

Bien entendu, ceux qui seraient contre une telle règle pourront toujours s'appuyer sur le principe de la sécurité juridique et la nécessité de stabiliser les engagements contractuels. En outre, il est vrai que les pouvoirs publics sénégalais dénoncent fréquemment les lourdeurs des règles de la commande publique qu'ils jugent inadaptées aux nécessités et aux urgences des investissements publics et de développement des projets pour la population.

Seulement, force est de reconnaitre qu'on ne peut pas reléguer le principe de légalité et les principes généraux de la commande publique en dessous de considérations purement économiques. Si la priorité est d'instaurer une politique de « tolérance zéro » contre les agissements illégaux des décideurs publics et de promouvoir la bonne gouvernance, aucune exigence d'ordre économique ne peut être placée au-dessus de la légalité.

Il serait dès lors tout à fait logique d'ouvrir des cas de recours en annulation contre les marchés signés et de le consacrer très clairement dans la réglementation des marchés publics. Ce recours en annulation pourra être encadré dans des délais plutôt brefs ; la personne intéressée aura un délai d'un mois, ou deux, à compter de la publication de l'avis d'attribution définitive (ou même dans un délai plus long à compter de la signature du marché, si la publication de l'avis d'attribution définitive n'a pas été respectée) pour saisir la Cour Suprême d'un recours en annulation, sans être obligé de saisir au préalable le CRD de l'ARCOP.

Cette réforme sera une réponse à l'empressement de certaines autorités contractante à signer des marchés publics qu'elles savent entachées d'irrégularités et contraires à la réglementation applicable.

Dans l'espace UEMOA, un pays comme le Togo a adopté ce mécanisme de recours en annulation contre un marché public du fait de violation des règles de la commande publique. En effet, l'article 29 de la loi n° 2009-013 du 30 juin 2009 relative aux marchés publics et délégations de service public au Togo dispose précise que « *tout soumissionnaire évincé peut demander dans les trois (3) mois de la publication de tout contrat ou avenant, leur annulation devant la juridiction compétente* ». Pour ce faire, le soumissionnaire évincé devra nécessairement établir une irrégularité se rapportant à des faits de corruption ou de fraude, ou encore, de manière plus générale, à une violation grave des dispositions et principes de la réglementation applicable en matière de marchés publics et délégations de service public.

On remarquera ici que les pouvoirs publics togolais ne se limitent pas seulement aux seuls cas de corruption ou de fraude pour justifier ce recours en annulation contre le marché signé. En effet, l'expression « *violation grave des dispositions et principes de la réglementation applicable en matière de marchés publics et délégations de service public* » élargit les motifs de recours. En conséquence, au Togo, toute violation d'un principe fondamental de la commande publique (mise en concurrence, égalité de traitement des candidats, égalité d'accès à la commande publique, transparence, économie dans les dépenses publiques, etc.), peut être invoquée par une personne qui y a intérêt pour demander l'annulation d'un marché public déjà signé.

Toujours est-il qu'au Sénégal, il semblerait qu'une telle possibilité soit posée à l'article 24 du Code des obligations de l'Administration qui dispose : « *En vue d'assurer l'efficacité de la commande publique et la bonne utilisation des deniers publics, la conclusion des contrats d'achat passés à titre onéreux par les acheteurs publics : (...) doit respecter les principes de liberté d'accès à la commande publique, d'égalité de traitement des candidats et de transparence des procédures. (...) La violation du principe d'égalité de traitement des candidats aux commandes publiques par les acheteurs publics entraine la nullité de la procédure de passation* ***ou du marché passé,*** *à la requête de toute personne intéressée au déroulement normal de la procédure* ».

Cette disposition est assez claire, même si elle limite cette possibilité de recours en annulation contre le marché signé au seul cas de violation du principe d'égalité de traitement des candidats aux commandes publiques.

De notre point de vue, il faudrait étendre cette possibilité à tous les cas de violation d'un principe fondamental de la commande publique, tout en fixant le cadre de ce recours, notamment en ce qui concerne la procédure de recours et les délais applicables.

CHAPITRE III : LES RECOURS LIES A LA FORMATION ET A LA VALIDITE DU MARCHE

Le recours lié à la formation et la validité du marché est un aspect du contentieux de la passation des marchés publics qui obéit à une logique très différente des procédures présentées précédemment. Toutefois, au regard de l'objet de l'ouvrage, nous ne traiterons pas ici des recours faits par les tiers, ni par celui du représentant de l'Etat.

Deux axes essentiels seront exposés à ce niveau :

- les aspects organiques du contentieux de pleine juridiction (**1**),
- le traitement de ce contentieux de pleine juridiction (**2**).

1. Les aspects organiques de ce contentieux de pleine juridiction

Ces aspects organiques de ce contentieux de pleine juridiction seront analysés au niveau de la procédure applicables (**1.1**) et de la compétence juridictionnelle (**1.2**).

1.1. Au niveau de la procédure applicable

Il est important de préciser comment les parties au contrat, plus particulièrement, les opérateurs économiques titulaires d'un marché public doivent s'y prendre sur le plan de la procédure, en matière de recours contre des aspects de la formation du contrat. Sur ce point, la nature de ce contentieux pose légitimement la question de l'applicabilité de la procédure en matière administrative (**1.1.1**). C'est en effet, sur le plan procédural, le premier point que l'opérateur économique devra prendre en compte, avant de voir les délais dans lesquels il devra saisir le juge compétent pour examiner son recours (**1.1.2**).

1.1.1 Sur l'applicabilité de la procédure en matière administrative

Les marchés publics étant des contrats administratifs par détermination de la loi, leur contentieux n'échappe pas à la procédure applicable en matière administrative. Toutefois, on ne se place pas ici sous le champ de la procédure concernant le processus de passation, ce contentieux étant traité précédemment. Il ne s'agit pas non plus du contentieux se rapportant à l'exécution *stricto sensu* du marché, ce contentieux étant abordé dans la seconde partie du présent ouvrage.

Il est plutôt question ici des recours portant sur la formation du contrat, sur sa validité en tant qu'engagement signé et liant les deux parties que sont l'Autorité contractante et l'opérateur économique titulaire du marché. Si l'une d'entre elles estime que le contrat n'est pas valablement formé et, ceci, au détriment de ses intérêts, elle devra saisir le juge du contrat aux fins de contestation. Mais pour ce faire, il faudrait prendre en compte l'article 729 du code de procédure civil qui dispose :

"*Toute action en justice doit être précédée d'une demande adressée à l'autorité administrative désignée pour recevoir l'assignation aux termes de l'article 39. Le silence gardé plus de quatre mois par l'autorité saisie vaut décision de rejet (...)*".

En application de ce texte, si l'opérateur économique titulaire du marché entend assigner l'Autorité contractante devant le juge compétent, pour contester les conditions de la formation du contrat, il devra au préalable saisir celle-ci d'une demande administrative exposant les griefs contre la procédure tout en précisant ses prétentions sur le sort des engagements.

Toutefois, on pourrait s'interroger sur l'obligation de procéder à cette formalité pour les marchés passés avec les sociétés nationales ou les sociétés anonymes à participation publique majoritaire. En effet, considérant que l'article 139.2 du CMP du code des marchés publics dispose que " *Les litiges relatifs aux marchés des sociétés nationales et sociétés anonymes à participation publique majoritaire sont soumis aux tribunaux de droit commun*", on pourrait en déduire qu'on n'est pas, dans ce cadre, en matière administrative et que l'article 729 précité du code de procédure civile ne serait pas applicable. Une telle vision est d'autant plus défendable si l'on considère que ces structures que sont les sociétés nationales et les sociétés anonymes à participation publique majoritaire ne sont pas des personnes morales de droit public comme le sont, par exemple, l'Etat, une collectivité locale ou un établissement public national ou local, à caractère administratif.

Seulement, une telle conception n'est pas sans risque, notamment sur la possibilité pour l'opérateur économique cocontractant d'une société nationale ou d'une société anonyme à participation publique majoritaire, de voir son action sanctionnée d'une irrecevabilité. En effet, s'il n'est pas exclu que le juge considère que derrière la société nationale ou celle à participation publique majoritaire on a l'Etat, ce qui exclue, au moins dans le raisonnement, une acception de celles-ci en tant qu'entités « autonomes », il est conseillé à l'opérateur économique de faire application de l'article 729 précité.

Réfléchissant sur ce concept de matière administrative au Sénégal, un auteur a rappelé un arrêt de la Cour d'Appel de Dakar en date du 29 avril 1993, rendu sur un litige portant sur un contrat de droit privé entre l'Etat et la société T.D.I Cassala. L'auteur rappelle que dans cette affaire, le juge a considéré que *«l'article 729 est applicable aux litiges auxquels l'Etat est partie, même lorsqu'ils relèvent du droit privé*". Il précise en outre, que selon le juge, "*quel que soit le droit substantiel applicable, dans un contentieux entre l'Etat et un particulier, l'article 729 du Code de Procédure Civile s'impose, sous peine d'irrecevabilité*"[26].

Il est certain que cette question d'applicabilité de l'article 729 du CPC au contentieux de la formation des marchés publics des SN ou des SNPPM n'est pas très tranchée. Mais au regard du

---

[26] Moustapha N'GAÏDE, "*La notion de matière administrative : évolution de la jurisprudence sénégalaise*", 1999, p.6, paru dans Revue de l'Association Sénégalaise de Droit Pénal, n° 5, 6, 7,8 p. 147 et s.

silence des textes sur ce point, et du caractère peu lisible de la jurisprudence sénégalaise à ce niveau, il est conseillé aux opérateurs économiques, quelle que soit la qualité de l'Autorité contractante, de respecter la procédure visée dans cet article, avant de saisir le juge du contrat d'une requête sur les conditions de formation du marché.

Si la procédure est dirigée contre une collectivité territoriale, l'opérateur économique devra suivre une procédure spécifique, sous peine d'irrecevabilité de son assignation.

En effet aux termes de l'article 232 du code des collectivités territoriales, « *Aucune action judiciaire autre que les actions possessoires ne peut, à peine d'irrecevabilité, être intentée contre une collectivité locale qu'autant que le demandeur a préalablement adressé au représentant de l'Etat, par lettre recommandée avec accusé de réception, un mémoire exposant l'objet et les motifs de sa réclamation. L'action ne peut être portée devant les tribunaux qu'un mois après que le représentant de l'Etat eut reçu le mémoire, sans préjudice des actes conservatoires.*

La présentation du mémoire interrompt toute prescription ou déchéance, si elle est suivie d'une demande en justice dans le délai de trois mois ».

En application de cette disposition, l'opérateur économique qui entend assigner une collectivité locale avec laquelle il a signé un marché public ne pourra pas introduire son action auprès du tribunal de grande instance compétent sans avoir, au préalable, saisi le Représentant de l'Etat auprès de celle-ci, d'un mémoire soigneusement rédigé.

Relativement à l'autorité qu'il faudra saisir, il conviendra de tenir compte de l'article 271 du code des collectivités territoriales qui dispose : "*Le préfet représente l'Etat auprès du département, de la ville, de la commune chef-lieu de département et de toutes autres communes qui lui seront rattachées par décret.*

Le sous-préfet représente l'Etat auprès des autres communes de son arrondissement".

En application de l'article 233 du même code, le Représentant de l'Etat adresse immédiatement le mémoire au maire ou au président du conseil départemental concerné avec l'invitation de convoquer son conseil dans les plus brefs délais pour en délibérer.

La remise de ce mémoire au Représentant de l'Etat devra se faire par tout moyen permettant de déterminer sa date certaine de réception. Un mois après cette date, si la suite de cette procédure ne lui a pas apporté satisfaction, l'opérateur économique pourra procéder à l'assignation de la collectivité locale concernée.

1.1.2 <u>Sur le délai de recours</u>

Ces délais s'inscrivent dans les règles classiques du contentieux administratif. En effet, aux termes de l'article 729 précité du Code de procédure civil, "*L'assignation doit, à peine d'irrecevabilité, être servie dans le délai de deux mois qui suit, soit l'avis donné de la décision, de l'administration, soit l'expiration du délai de quatre mois valant décision implicite de rejet.*

Elle doit, à peine de nullité, viser la réponse implicite ou explicite donnée par l'administration à la demande préalable (...)".

Dès lors, en application de cette disposition, l'opérateur économique devra assigner l'Autorité contractante devant le juge du contrat dans le délai strict de deux (2) mois qui suit la réception de l'avis ou de la décision de celle-ci à la demande administrative formulée en application de l'alinéa 1er de cet article 729 du CPC.

Dans l'hypothèse où après réception de cette demande administrative préalable, l'Autorité contractante garde le silence pendant quatre (4) mois, l'opérateur pourra considérer que cette action préalable a été implicitement rejetée. Il disposera lors de deux (2) mois à compter de l'effectivité de ces quatre (4) mois pour assigner l'Autorité contractante devant le juge du contrat.

1.2. Au niveau de la compétence juridictionnelle

L'opérateur économique qui entend saisir le juge du contrat d'un recours sur la formation ou la validité du contrat devra veiller à se conformer aux règles de compétence juridictionnelle. En application des textes, notamment le COA et le CMP, ce recours devra être porté devant les tribunaux de première instance statuant en matière administrative **(1.2.1)**, ou devant le juge de droit commun **(1.2.2)**.

1.2.1. Les tribunaux de première instance statuant en matière administrative

Cette compétence a été précisée à l'article 139 du COA qui dispose que "*les tribunaux de première instance sont compétents pour connaitre du contentieux des contrats administratifs*". Ces tribunaux de première instance peuvent désigner les tribunaux d'instance comme les tribunaux de grande instance[27].

Aux fins de ne pas se tromper sur le type de juridiction à saisir, les opérateurs économiques sont invités, en ce qui concerne les recours dirigés contre la formation des contrats administratifs, à faire une lecture combinée de cet article 139 du COA et de l'article 19 du décret n° 2015-1145 du 03 août 2015 fixant la composition et la compétence des cours d'appel, des tribunaux de grande instance et des tribunaux d'instance.

[27] La loi n° 2014-26 du 03 novembre 2014 fixant l'organisation judicaire du Sénégal et le décret n°2015-1145 du 03 août 2015 fixant la composition et la compétence des cours d'appel, des tribunaux de grande instance et des tribunaux d'instance, les pouvoirs publics ont entendu moderniser la justice sénégalaise. Parmi les différents points de cette réforme, on note le changement d'appellation de certaines juridictions, "*guidé par le souci d'un découplage avec l'organisation administrative*". Ainsi, les tribunaux départementaux sont désormais appelés "tribunaux d'instance" et les tribunaux régionaux, "les tribunaux de grande instance".

En effet, aux termes de cet article 19, "*Les tribunaux de grande instance connaissent tant en matière civile que commerciale de l'ensemble des matières qui ne sont pas de la compétence des tribunaux d'instance.*
Ils connaissent également de l'ensemble du contentieux administratif de pleine juridiction *et fiscal*".

L'assignation évoquée ici relativement à la formation ou à la validité du marché devra donc être faite devant le tribunal de grande instance (anciennement tribunal régional) statuant en matière administrative. Sur la compétence territoriale, l'opérateur économique prendra le soin de saisir le tribunal de grande instance du lieu de signature ou d'exécution du marché. Une telle démarche permet d'être en conformité avec l'alinéa 4 de l'article 34 du Code de procédure civile qui dispose :

" *Les contestations relatives à des fournitures, travaux, locations, louages d'ouvrage ou d'industrie, peuvent être portées devant le juge du lieu où la convention a été contractée ou exécutée, lorsqu'une des parties est domiciliée dans ce lieu ; s'il y a plusieurs défendeurs, devant le tribunal du domicile de l'un d'eux au choix du demandeur*".

1.2.2. Les tribunaux de première instance statuant en droit commun

Si les marchés publics sont des contrats administratifs par détermination de la loi, ce qui implique la compétence du juge statuant en matière administrative, il n'en demeure pas moins que le code des marchés publics, en son article 139.2 prévoit un régime dérogatoire pour les marchés des sociétés nationales et ceux des sociétés anonymes à participation public majoritaire. En effet, aux termes de cette disposition, "*Les litiges relatifs aux marchés des sociétés nationales et sociétés anonymes à participation publique majoritaire sont soumis aux tribunaux de droit commun*".

Cette disposition du code des marchés publics confirme celles de la loi n°90-07 du 26 juin 1990 relative à l'organisation et au contrôle des entreprises du secteur parapublic et au contrôle des personnes morales de droit privé bénéficiant du concours financier de la puissance publique. Ce texte classe les sociétés nationales et les sociétés anonymes à participation publique majoritaire, dans le secteur parapublic (en compagnie des établissements publics à caractère industriel et commercial).

Par ailleurs, si cette loi précise que "*Les statuts des sociétés nationales et des établissements publics à caractère industriel et commercial sont régis par décret*", elle indique de manière claire que " *pour les sociétés anonymes à participation publique majoritaire, c'est le droit commun des sociétés commerciales qui s'applique*".

En conséquence, en application de tout ce dispositif, dans le cadre d'une action en justice visant la formation d'un contrat passé avec une SN ou une SNPPM, les opérateurs économiques assigneront ces Autorités contractantes auprès du Tribunal de Grande Instance du lieu de signature du contrat, conformément à l'alinéa 4 de l'article 34 du Code de procédure civile.

2. Le traitement de ce contentieux de pleine juridiction

La question du traitement de ce contentieux sera abordée autour de deux points :

- les moyens à l'appui du recours (**2.1**),
- les pouvoirs du juge sur le contrat signé (**2.2**).

2.1. Au niveau des moyens à l'appui du recours

Trois principaux moyens sont à prendre en compte ici dans un recours de plein contentieux sur la formation et la validité du contrat[28] ; lesdits moyens peuvent être liés, aux points suivants :

---

[28] Un auteur comme Jacques Mactar Dieng cite aussi le respect des règles de la comptabilité publique, en se référant à l'article 17 du COA. Il indique qu' « *il est important que le juge, saisi d'un contentieux contractuel relatif à la conclusion des contrats de l'administration, exerce un contrôle sur la régularité de l'engagement de la dépense publique et sur le respect des règles*

- les vices du consentement **(2.1.1)**,
- le détournement de pouvoirs ou de procédure **(2.1.2)**,
- la signature du marché **(2.1.3)**.

2.1.1. Sur les vices du consentement

Relativement aux conditions de validité des contrats administratifs dont les marchés publics, l'article 46 du Code des Obligations de l'Administration précise que ceux-ci sont soumis, pour leur validité, aux conditions de formation des contrats telles qu'elles sont définies par la partie générale du Code des Obligations civiles et commerciales (sous réserves de certaines spécificités liées à la nature administrative du contrat).

Ainsi, comme en matière purement privé, la formation d'un contrat de marché public doit se faire avec un consentement éclairé des deux parties. S'appuyant sur l'article 46 du COA précité, l'opérateur économique qui estime ne pas avoir librement ou clairement consenti à la formation d'un contrat de marché le liant à une Autorité contractante pourra invoquer l'article 47 du code des

---

relatives à la passation des contrats ». L'auteur continue son raisonnement en indiquant que *« La comptabilité a pour objet de réglementer les opérations de l'Etat ayant pour conséquence d'engager les dépenses publiques, et les contrats de l'administration n'échappent pas à cette règle. Le rôle du juge consiste donc à sanctionner cette toute violation de cette réglementation ».*

L'auteur rappelle les termes de l'article 17 du COA *qui dispose que« la conclusion d'un contrat susceptible d'engager les finances de la personne administrative contractante, est soumise à l'existence de crédits budgétaires suffisants et au respect des règles d'engagement des dépenses publiques ».* Il en déduit que *« Le non-respect de cette règle a des conséquences sur la validité même du contrat, et c'est pourquoi le juge exerce un contrôle sur le respect de cette réglementation dont la violation est sanctionnée par la nullité absolue du contrat ».* L'auteur cite deux jurisprudences pour étayer ses propos : TPI, 5 décembre 1970 Anciens établissements Bouviers c/Etat du Sénégal, et TPI 17 mai 1969, société Bernabé c/Etat du Sénégal (Jacques Mactar Dieng : *le contrôle du juge du plein contentieux en matière de contrat*, blog Wordpress, 2012).

obligations qui énumère, parmi les conditions de validité du contrat, "*le consentement des parties*"[29].

Dans son recours, l'opérateur économique peut, sur la base d'éléments probants et vérifiables, développer un moyen tiré d'un des vices du consentement : l'erreur, le dol ou la violence[30].

2.1.2. Le détournement de pouvoirs ou de procédure

Le contrat de marché public doit également se former dans le respect des modalités d'exercice des pouvoirs de l'Autorité contractante et des procédures de décisions, étant précisé qu'on ne parle pas ici des règles de mise en concurrence. L'article 49 du Code des Obligations de l'Administration évoque sur ce point le concept de "violence légitime", laquelle pourrait ne pas vicier la formation du contrat de marché. Cette disposition précise " *Le détournement de pouvoirs ou de procédure utilisé par l'Administration pour mener une personne à conclure un contrat avec elle, constitue une violence non légitime*".

L'Autorité contractante peut en effet procéder à des manœuvres pour se départir des règles encadrant ses pouvoirs ou de la procédure à suivre, dans le seul but de favoriser la signature de l'autre partie, laquelle ne se serait pas engagée si le processus suivi était conforme aux règles applicables.

Soulignons toutefois que tous les moyens qui pourraient remettre en cause la validité d'un marché public ne peuvent pas être utilement invoqués devant le juge compétent. Le caractère opérant des moyens soulevés est subordonné en effet à la circonstance que les manquements invoqués par l'opérateur économique soient en rapport direct avec l'intérêt lésé ou soient d'une gravité telle que le juge devrait les relever d'office.

---

29 Les autres conditions de validité du contrat visées par ce texte sont : la capacité de contracter, un objet déterminé et licite, formant la matière du contrat et des obligations, une cause licite pour le contrat et les obligations qui en résultent.

30 Article 61 du COCC.

2.1.3. Sur la signature du marché

La signature du marché par une autorité qui n'en a pas la compétence est sanctionnée d'une nullité. C'est un moyen que peut soulever l'opérateur économique qui considère, en fonction du contexte qui prévaut, que cette irrégularité porte préjudice à ses intérêts. Ce moyen sera fondé sur l'article 27 du CMP qui précise que "*les marchés conclus par une personne non habilitée à cet effet sont nuls et de nullité absolue*"[31].

Cette signature doit être le fait de la Personne responsable des marchés publics et l'opérateur économique peut se référer à l'article 28 du CMP qui désigne comme suit les PRMP selon la catégorie d'Autorité contractante :

- Pour les marchés de l'État et dans chaque Département ministériel : le ministre chargé du département concerné, qui est responsable des marchés passés par les services centraux, des marchés passés dans la Région de Dakar et des marchés des agence ou organismes non dotés de la personnalité morale relevant de son département ;

- Pour les marchés de l'État passés dans les Régions autres que la Région de Dakar : le Gouverneur de Région ;

- Pour les marchés des collectivités locales : les présidents de Conseil départemental et les Maires ou leurs représentants dûment habilités sont responsables respectivement des marchés à passer par les départements, les communes ;

- Pour les marchés des établissements publics, agences et autres organismes ayant la personnalité morale : l'organe exécutif désigné conformément aux règles qui leur sont applicables ;

---

[31] Toutefois, cette même disposition précise que " *L'Autorité contractante peut désigner d'autres Personnes responsables des marchés, en précisant les catégories et les montants des marchés pour lesquels celles-ci disposent des compétences de personnes responsables de marchés*".

- Pour les marchés des sociétés nationales et des sociétés anonymes à participation publique majoritaire : le Directeur général, quel qu'en soit le montant.

2.2. Au niveau des pouvoirs du juge sur le contrat signé

Il peut être intéressant, pour les opérateurs économiques, de connaître les pouvoirs dont dispose le juge du plein contentieux dans ce contentieux spécifique de la formation et de la validité du marché. Cela lui permettra de bien cadrer ses prétentions et demandes, en cas de recours portant sur une telle problématique.

Après des précisions sur la suspension de l'exécution sur demande du requérant (**2.2.1**), une typologie des autres décisions possibles du juge sera présentée (**2.2.2**).

2.2.1. La suspension de l'exécution du marché sur demande du requérant

Aux termes de l'article 730 du code de procédure civile, "*L'assignation n'est pas suspensive de l'exécution de la décision attaquée.*

Toutefois, sur la demande expresse de la partie requérante, le tribunal régional saisi peut ordonner qu'il sera sursis à l'exécution des décisions sur lesquelles est fondé le recours, lorsque leur exécution est susceptible d'entraîner un préjudice irréparable".

Pour rappel, le tribunal régional a été remplacé, avec la réforme de 2014, par le tribunal de grande instance. Saisie par un requérant en matière administrative, avec une indication des dispositions de cet article 730 du code de procédure civil, cette juridiction peut donc suspendre le processus d'exécution du contrat, dont la validité est contestée par le requérant. Cette neutralisation des effets du marché sera provisoire, le temps d'une décision au fond.

Mais, comme le laisse comprendre la disposition susvisée, le requérant devra établir, dans sa requête en quoi l'exécution du marché l'exposerait à un préjudice irréparable. A défaut, ces dispositions ne pourront pas être appliquées par le juge.

Il est vrai qu'on peut s'interroger sur la nature du contrat de marché par rapport à cette notion de « décision » visée à l'alinéa 1er de la disposition précitée. L'opérateur économique qui conteste la validité du marché peut bien sûr choisir d'attaquer l'ordre de service reçu pour commencer les prestations, et demander sa suspension dans le cadre de l'assignation, laquelle vise en réalité le contrat.

2.2.2. Typologie des autres décisions possibles du juge

Dans l'hypothèse d'un recours sur les conditions de formation du marché et sur sa validité, le juge devra tirer toutes les conséquences légales de ses constatations sur les éventuels vices qui affecteraient le contrat. Ces irrégularités sont normalement sanctionnées d'une nullité totale. Rappelons en effet que l'article 51 du COA dispose que « *Le contrat conclu en violation des règles de forme imposées par la loi est nul de nullité absolue* ». Les dispositions du COCC, en l'occurrence les articles 84 et 85 abondent dans le même sens en indiquant respectivement que « *l'inobservation d'une des conditions de formation du contrat n'entraîne sa nullité* » et que « *La nullité est absolue lorsqu'elle sanctionne une condition de validité édictée dans l'intérêt général* ».

Toutefois, cette nullité peut être partielle, selon la gravité du vice ou le lien entre le point litigieux et le contrat lui-même, pris dans son ensemble. Ce dernier point fait écho à l'article 94 du COCC qui évoque la nullité partielle quand l'invalidation porte sur une clause accessoire du contrat, les autres clauses demeurant valables.

S'agissant des vices du consentement qui viendraient affecter la formation du contrat, l'article 86 du COCC parle de nullité relative. En effet, selon ce texte, *« La nullité relative résulte de l'inobservation des règles destinées à assurer la protection d'un intérêt privé, telles que les dispositions concernant les vices du consentement (...)* ».

Ce point est particulièrement intéressant en ce qu'il implique que, s'il y a intérêt, la partie dont le consentement est vicié (l'opérateur économique par exemple), peut ne pas aller jusqu'à demander l'annulation du contrat puisqu'en application de l'article 88 du COCC, l'acte entaché de nullité relative peut être confirmé expressément ou tacitement par la personne qui pouvait en demander l'annulation. Le texte pose juste comme condition, que la confirmation ait lieu en connaissance de cause et après la cessation de vice.

Il convient tout de même, dans l'analyse, de bien appréhender le sens de l'article 46 du COA qui précise que les contrats administratifs (parmi lesquels les marchés public) sont soumis, pour leur validité, aux conditions de formation des contrats telles qu'elles sont définies par la partie générale du Code des Obligations civiles et commerciales (sous réserves de certaines spécificités liées à la nature administrative du contrat).

Dans ce cadre, il est ainsi permis de considérer que, grâce au pouvoir d'appréciation du juge, cette nullité pourrait ne pas être automatique. En effet, en application de l'article 89 du COCC, sous réserve des nullités de droit, le juge apprécie les causes d'annulation du contrat. Ce pouvoir d'appréciation pourrait amener le juge, à écarter la nullité et d'inviter les parties à prendre des mesures de régularisation dans un délai qu'il fixe.

Le juge tiendrait ainsi compte des conséquences excessives qu'une annulation pourrait avoir sur l'intérêt général.

Comme autre décision possible, on peut évoquer l'octroi éventuel de dommages et intérêts s'il est saisi dans ce sens par l'opérateur économique, qui devra toutefois prouver en quoi l'invalidité du marché, dans sa formation, lui a causé des préjudices (qu'il devra établir aussi).

DEUXIEME PARTIE : LE CONTENTIEUX SPECIFIQUE A L'EXECUTION DU MARCHE

Quelle que soit sa nature juridique, un contrat comporte toujours des intérêts majeurs à préserver, comme, par exemple, la pacification des relations entre les cocontractants. Les marchés publics n'échappent pas à ce principe. Le code des marchés publics intègre très clairement cette nécessité de préservation des relations entre les cocontractants en instituant une procédure de conciliation entre les parties, auprès de l'Autorité en charge de la régulation des marchés publics (devenu ARCOP). En outre, dans les clauses contractuelles, les parties insèrent systématiquement une tentative de règlement amiable avant toute procédure contentieuse.

Le traitement du contentieux de l'exécution d'un marché public se structure ainsi en deux axes ou composantes :

- des procédures de règlement non juridictionnel (**Chapitre I**),
- une phase juridictionnelle (**Chapitre II**).

CHAPITRE I : L'INSTITUTION DE PROCEDURES DE REGLEMENT NON JURIDICTIONNEL

Comme indiqué ci-dessus, le règlement non juridictionnel du contentieux relatif à l'exécution du marché procède d'une volonté de rendre pacifique les relations entre l'Autorité contractante et son cocontractant, titulaire du marché. La recherche de ces solutions non juridictionnelles, préserve les relations ainsi les relations entre les parties et « épargne » le projet objet du marché en minimisant les effets du contentieux sur celui-ci.

Les parties peuvent prendre l'initiative d'insérer une clause dans le marché pour résoudre à l'amiable leur contentieux (**1**), outre la procédure de conciliation devant l'autorité en charge de la régulation des marchés publics, prévue par le code des marchés publics (**2**).

1. La tentative de règlement du différend par les parties elles-mêmes

La tentative de règlement amiable du contentieux par les parties elles-mêmes est généralement prévue dans le contrat (**1.1**), avec, au bout du processus, une transaction dont le contenu et l'homologation doivent être bien appréhendés (**1.2**).

1.1. Une procédure généralement prévue au contrat

Du côté de l'opérateur économique titulaire du marché, il est important de bien saisir la pertinence de ce préalable (**1.1.1**) et de bien maîtriser la démarche méthodologique pour cette procédure (**1.1.2**).

1.1.1. La pertinence de ce préalable pour le titulaire du marché

Très souvent, dans les clauses qui définissent les modalités de règlement des différends, les parties à un contrat de marché public prennent le soin de prévoir une procédure de règlement amiable entre elles. Ce règlement amiable est ainsi prévu pour tout différend éventuel relatif à l'interprétation ou à l'application des stipulations du marché ou à l'exécution des prestations objet du contrat.

Toutefois, il est important de préciser que cette procédure préalable a surtout un sens quand c'est le titulaire du marché qui soulève le litige. En effet, en tant que personne privée, il n'a aucun moyen unilatéral de contraindre l'Autorité contractante d'agir dans un sens déterminé, encore moins de procéder (unilatéralement) à la résiliation du contrat. Là où l'Autorité contractante peut enjoindre son cocontractant d'agir dans un sens déterminé, modifier unilatéralement voire résilier le contrat, celui-ci doit nécessairement passer par cette procédure amiable avant d'aller plus loin sur la procédure.

Il est plus facile de recourir à cette procédure dans les situations où les demandes formulées par le titulaire du marché peuvent être évaluées financièrement et de manière suffisamment certaine, évitant ainsi un contentieux long, coûteux et préjudiciable aux rapports entre les parties.

1.1.2. La démarche méthodologique

Pour la partie qui initie la procédure, plus particulièrement pour le titulaire du marché, il est important d'être précis dans la circonscription du litige ainsi que sur la nature et l'étendue des demandes. A cet effet, il est particulièrement indiqué de rédiger un mémoire auquel seront jointes toutes les pièces justificatives utiles, dont au moins les pièces contractuelles.

Comme en matière contentieuse, pour plus de persuasion et d'efficacité, il n'est pas inutile que le mémoire contienne, outre les éléments factuels précis à l'origine du litige, une argumentation juridique pertinente fondée sur la réglementation applicable (Code des Obligations de l'Administration, code des marchés publics et ses textes d'application, directives communautaires, etc.).

L'objet et la nature des demandes doivent aussi être rigoureusement précisés dans ce mémoire. En effet, en fonction de l'objet du litige, le titulaire du marché peut demander à l'Autorité contractante : une application conforme des clauses du contrat, une indemnisation avec un montant bien déterminé, etc.

Ce dossier (mémoire et pièces justificatives) doit ensuite être communiqué à l'Autorité contractante, à son adresse indiquée au contrat, par courrier recommandé avec accusé de réception, ou déposé en main propre contre récépissé ou décharge.

Après examen de la demande, l'Autorité contractante peut décider de rejeter la demande ou envisager d'y faire droit en invitant le titulaire du marché à des discussions aux fins de transaction.

1.2. Contenu de la transaction et homologation

L'objectif de la transaction est de résoudre le contentieux de la manière la moins conflictuelle possible et de sécuriser l'accord en lui donnant un certain cachet. Cette transaction sera rendue possible grâce à une réciprocité des concessions entre l'Autorité contractante et l'opérateur titulaire du marché (**1.2.1**), lesquels pourront ensuite procéder à l'homologation de leur accord par le juge (**1.2.2**).

1.2.1. La réciprocité des concessions

Il faut toujours garder à l'esprit que l'accord dans le cadre d'un règlement amiable est un contrat à part entière, négocié, écrit et signé par les parties. L'objectif d'un tel contrat est d'obtenir et de formaliser un règlement complet du litige. A cet effet, le titulaire du marché et l'Autorité contractante devront chacun faire des concessions, l'objectif étant d'avoir un accord équilibré et équitable qui vide le contentieux.

Chacune des parties est tenue ensuite d'exécuter loyalement les stipulations de ce contrat. Il est important de préciser que le recours à cette procédure est possible, à tout moment, pendant l'exécution du marché ou même en cours de procédure contentieuse.

De par ces concessions réciproques, les points soulevés dans le litige peuvent donc être définitivement résolus, par exemple et notamment :

- la prise en compte, par l'Autorité contractante, de droits revendiqués par le titulaire du marché dans son mémoire, lesquels sont bien entendu en rapport avec l'exécution du marché ;
- la réparation des préjudices subis par l'une ou l'autre partie ;
- la renonciation, par la partie qui est à l'origine de la demande de règlement amiable, de toute action en justice future portant sur le même litige.

Mais, si trouver un accord transactionnel est une chose, sa sécurisation en est une autre. Sur ce dernier point, il est recommandé aux parties de procéder à son homologation par le juge.

1.2.2. L'importance d'une homologation par le juge

Comme tous les autres contrats, la transaction entre les parties au contrat de marché public pour mettre fin à leur litige n'a d'effet, en principe, qu'entre elles. Pour renforcer la valeur de cette transaction, celle-ci peut être soumise au juge pour homologation.

L'homologation par le juge donnera généralement à la transaction extrajudiciaire, la force exécutoire d'une décision de justice passée en force de chose jugée et opposable aux tiers. Ainsi, si la transaction vaut titre exécutoire pour les parties, l'homologation par le juge peut renforcer son opposabilité face à des difficultés d'exécution.

Ce sera à la partie la plus diligente ou de l'ensemble des parties, par une action commune, de saisir le juge compétent pour homologation. La question du juge compétent peut se poser avec une certaine difficulté. En effet, le juge compétent serait-il le juge du lieu d'exécution du contrat ou bien les parties peuvent, dans les clauses du protocole transactionnel procéder à une attribution de compétence en désignant la présidence d'une juridiction spécifique ? La démarche qui semble la plus logique est de tenir compte de la nature administrative du contrat (avec une spécificité pour les marchés des Sociétés Anonymes et des SAPPM) et de confier l'homologation au Président du Tribunal de Grande Instance du lieu d'exécution des prestations (laquelle aurait statué en matière administrative s'il s'agissait d'une procédure juridictionnelle).

2. L'intervention de l'ARCOP aux fins de conciliation

La conciliation, la médiation et la transaction sont présentées comme des modes de règlement des différends qui procèdent d'une volonté de rapprocher les parties et de trouver des solutions de compromis. De tels procédés sont particulièrement importants pour des projets publics en cours d'exécution, et pour lesquels un litige avec un traitement très lourd, pourrait, au-delà de l'enveniment des relations entre l'Administration et l'opérateur économique, paralyser durablement l'exécution d'un service pour le public. C'est là que résident tout l'intérêt et la pertinence d'une intervention du CRD de l'ARCOP dont la procédure de saisine (**2.1**) et le traitement qu'il fait de la demande de conciliation (**2.2**) sont exposés ci-après.

2.1. La procédure de saisine du CRD de l'ARCOP

Trois (3) points de procédure sont traités ici à l'attention des opérateurs économiques pour leurs procédures de saisine du CRD de l'ARCOP en matière de litiges se rapportant aux marchés publics :

- le caractère facultatif de la saisine du CRD de l'ARCOP (**2.1.1**),
- la réglementation de l'acte de saisine (**2.1.2**),
- la non-suspension de l'exécution du marché (**2.1.3**),

2.1.1. Le caractère facultatif de la saisine

Aux termes de l'article 138.1 du CMP, " *En cas de différends relatifs à l'exécution des marchés publics, l'Autorité contractante ou le titulaire du marché peut recourir au Comité de règlement des différends placé auprès de l'Organe chargé de la régulation des marchés publics* ".

La saisine du CRD de l'ARCOP par les parties au litige relatif à un marché public n'est donc pas un préalable obligatoire à la saisine du juge compétent. Les parties peuvent s'en passer et aller directement au contentieux juridictionnel si le recours à l'arbitrage n'était pas prévu au contrat de marché.

La conviction que le passage par le CRD de l'ARCOP ne sera pas décisif au règlement du litige et retarderait le traitement du litige peut pousser la partie qui y a intérêt, à "sauter" cette étape, surtout si les faits conflictuels sont caractérisés par une certaine urgence. Il n'en demeure pas moins que cela constituerait un choix qui pourrait priver les parties d'un premier niveau d'instance de règlement du différend, lequel pourrait proposer une solution intéressante et susceptible de satisfaire les deux cocontractants (puisqu'il s'agit d'une conciliation), ce qui est rarement le cas d'une décision juridictionnelle.

2.1.2. La réglementation de l'acte de saisine

L'acte de saisine du CRD de l'ARCOP, introduit par le titulaire du marché ou l'Autorité contractante, ne peut être une simple missive. L'auteur de la saisine doit élaborer et monter un dossier aussi complet que possible pour se conformer aux exigences de l'article 138. 4. du code ses marchés publics qui dispose : "*La saisine du Comité s'effectue par l'envoi d'un mémoire exposant les motifs de la réclamation et en indiquant le montant. Le mémoire est accompagné des pièces contractuelles du marché de toutes correspondances relatives au litige. Il est adressé au Comité par lettre recommandée avec demande d'accusé de réception ou déposé contre récépissé*".

Le mémoire doit donc être élaboré comme en matière juridictionnelle, avec des éléments factuels précis et vérifiables, ainsi qu'une argumentation juridique rigoureuse et pertinente pour soutenir la cause défendue dans le recours. En outre devront être annexées au mémoire toutes les pièces pertinentes, étant précisé que leur production peut se faire en cours d'instruction, tant que la procédure n'est pas close. Cette production de pièces est très importante car celles-ci constituent des moyens de preuve et étayent les moyens et demandes contenus dans le mémoire.

A titre d'exemple, si le titulaire du marché conteste des pénalités appliquées par l'Autorité contractante, on attendra de lui qu'il produise la notification de cette sanction financière, la mise en demeure qui l'a précédée, le cas échéant, les documents qui établissent que les manquements qui lui sont rapprochés sont inexistants ou, s'ils sont matériellement établis, qu'ils sont indépendants de sa volonté ou de ses agissements car favorisés, par exemple, par un évènement extérieur et imprévisible.

Pour la cause défendue par chaque partie, l'importance de ces pièces est telle qu'en cas de non-production, le CRD de l'ARCOP peut, pour les besoins de l'instruction, demander leur communication et fixer un délai pour ce faire. A défaut de communication de celles-ci dans le délai imparti et, en tout état de cause avant la clôture de l'instruction, le CRD de l'ARCOP statuera en l'état du dossier, sur la seule base des éléments dont il dispose.

2.1.3. La non suspension de l'exécution du marché

Contrairement au contentieux de la passation des marchés publics (en cas de recevabilité du recours), la saisine du CRD de l'ARCOP dans le cadre de l'exécution du marché n'est pas suspensive. Cela signifie que la partie au contrat qui saisit l'organe de recours non juridictionnel, malgré le contentieux qu'elle soulève, devra continuer à exécuter ses obligations en attendant l'issue du litige. C'est en effet ce que prescrit l'article 138.8 du CMP qui dispose que " *Le recours au Comité de règlement des différends n'a pas d'effet suspensif de l'exécution du marché* ".

Dans certains cas, il est vrai, la poursuite de l'exécution du marché peut être problématique du fait de l'origine du litige. C'est par exemple la situation où les conditions d'exécution des prestations objet du marché sont considérablement perturbées pour le titulaire du marché et que celui-ci les qualifie de force majeure, contrairement à l'Autorité contractante. Si le titulaire du marché considère qu'il est dans l'impossibilité d'exécuter ses prestations du fait de cette situation imprévisible, elle pourrait être tentée de suspendre l'exécution de ses obligations contractuelles ce qui ouvrira ainsi un autre potentiel contentieux, notamment avec les mises en demeure que pourrait servir l'Autorité contractante et les pénalités qui suivront.

Une telle situation marquée par une impérieuse nécessité de préserver rapidement ses intérêts, pourrait pousser le titulaire du marché, plutôt que de saisir le CRD de l'ARCOP, à soumettre le litige directement au juge compétent (par la voie d'un référé) ou à l'instance arbitrale désignée dans le contrat.

2.2. Le traitement de la demande de conciliation

Comme en matière de recours dans le cadre de la passation, le CRD de l'ARCOP procédera ici à l'examen des demandes et entendra les parties dans leurs observations (**2.2.1**). Mais la particularité de cette procédure de conciliation réside dans le sens et, surtout, la portée de la décision qui sera rendue à l'issue de la procédure (**2.2.2**).

2.2.1. L'examen des demandes et l'audition des parties

Comme en matière juridictionnelle, la procédure devant le CRD de l'ARCOP est contradictoire, ce qui implique que l'autre partie sera informée de l'existence du recours et sera entendue ou, à tout le moins, appelée à produire ses éléments de réponse, constitués par un mémoire et les pièces justificatives.

C'est dans ce sens qu'il faut comprendre le point 5 de l'article 138 précité quand il dispose que " *Le secrétariat du Comité informe l'autre partie de la saisine. Le Comité entend le titulaire du marché et la Personne responsable du marché ou leurs représentants, qui peuvent se faire assister par toute personne de leur choix. Le Président du Comité peut entendre toute personne dont il juge utile l'audition*".

L'information de l'autre partie de la saisine consiste en la communication du mémoire produit et des pièces éventuelles produites. On peut préciser que ces éléments peuvent aussi être directement communiqués par la partie auteure de la saisine, à son cocontractant et en apporter la preuve au CRD de l'ARCOP qui devra s'assurer de l'effectivité de cette communication. La loyauté et la diligence doivent donc gouverner la procédure, notamment dans la communication de ces éléments du litige.

Comme indiqué dans cette disposition, chaque partie sera entendue sur sa position et ses arguments, assistée en cas de besoin, par un spécialiste de son choix (avocat, juriste-consultant, expert-comptable en fonction de l'objet du litige, etc.).

2.2.2. Le sens et la portée de la décision du CRD de l'ARCOP

Il est utile de rappeler qu'avec la procédure de conciliation, les parties entendent trouver une solution amiable à leur litige, avec l'intervention d'un tiers, en l'occurrence le CRD de l'ARCOP. Cela signifie dès lors que la décision qui va être rendue, n'est qu'une proposition et n'a pas de force exécutoire en l'état, tant qu'il n'est pas signé par les parties dans les délais indiqués. C'est d'ailleurs la raison pour laquelle il serait plus approprié d'utiliser le terme "avis" pour désigner la solution rendue par le CRD au terme de la procédure. Ledit avis dans cette procédure de conciliation suite à un litige entre les parties dans le cadre de l'exécution d'un marché public, est donc une proposition de solution équitable, sur la base des dossiers présentés par celles-ci et sur le droit positif sénégalais.

Le CRD de l'ARCOP dispose, pour ce faire, d'un délai de quinze (15) jours à compter de la saisine pour rendre sa décision sur la forme d'un procès-verbal de conciliation qui pourrait matérialiser l'accord des parties. Selon la complexité du dossier à traiter, et qui pourrait justifier une expertise, des conclusions additionnelles ou complémentaires des parties, ce délai pourra être prolongé de quinze (15) jours au maximum, sur décision motivée du CRD (article 138.6 du CMP).

Comme indiqué ci-dessus, tant que les parties n'ont pas signé le procès-verbal de conciliation, celle-ci conserve sa qualité de proposition de solution. L'article 138. 7. du CMP dispose que "*Chacune des parties doit faire connaître à l'autre partie et au secrétaire du Comité sa décision sur l'avis proposé par le Comité, dans le mois suivant la date de notification de celui-ci. En cas d'accord des parties, la solution proposée doit être appliquée immédiatement. En cas de désaccord, les parties peuvent saisir la juridiction compétente*". C'est donc la signature des parties dans ce délai qui confère à la décision une force exécutoire ce qui met fin au litige. Cela démontre toute la rigueur de l'approche que les opérateurs économiques doivent avoir de cette procédure devant le CRD de l'ARCOP. Cette rigueur doit en effet être de mise aussi bien dans le dossier présenté devant celle-ci (contenu du mémoire et pièces justificatives) que dans l'analyse de l'avis rendu, avant de procéder à la signature du procès-verbal de conciliation. A défaut d'acceptation de l'avis rendue par le CRD de l'ARCOP, les parties reprennent leur entière liberté de saisir le juge du litige relatif à l'exécution du marché.

CHAPITRE II : LE RECOURS JURIDICTIONNEL DANS LE CONTENTIEUX DE L'EXECUTION DES MARCHES PUBLICS

L'opérateur économique qui engage une procédure juridictionnelle relativement à l'exécution du marché dont il est titulaire, entend préserver ses droits et intérêts contractuels, avec des enjeux financiers généralement très importants. Toutefois, son action en justice devra être bien pensée, bien préparée, aux fins d'éviter certains écueils et espérer ainsi que le juge compétent examine le fond de l'affaire.

Pour ce faire, considérant que toute affaire contentieuse est une question de forme, de procédure et de fond, il devra bien appréhender les règles de la compétente juridictionnelle (**1**), le tout dans une préparation et une gestion méticuleuse de son dossier contentieux (**2**).

1. La compétence juridictionnelle

En matière de recours contentieux, l'une des premières questions que le requérant doit résoudre, avant même l'évocation du fond du litige, est la compétence juridictionnelle. Cette question est un moyen d'ordre public. Cela signifie que sa violation est si grave que le juge se doit de la soulever d'office sans que cela ait été nécessairement demandé par la partie défenderesse. Cette compétence doit toujours être bien abordée par le requérant aussi bien sur le plan matériel que territorial.

Dans le contentieux des marchés publics, le CMP et le COA déterminent cette compétence en l'attribuant aux juridictions de première instance, qui vont statuer en matière administrative (**1.1**). Mais, dans des cas spécifiques, la compétence est dévolue aux juridictions de droit commun, qui vont faire application du droit commun (**1.2**).

1.1. La compétence des juridictions de première instance statuant en matière administrative

L'examen des textes pertinents applicables, notamment le code des obligations de l'administration et le code des marchés publics, laisse comprendre qu'il s'agit ici d'une compétence d'attribution (**1.1.1**), ce qui facilite la démarche pour l'opérateur économique requérant. La juridiction ainsi saisie statuera en matière administrative, ce qui aura une incidence sur la procédure à suivre par le requérant (**1.1.2**).

1.1.1. Une compétence d'attribution

En cas de contentieux dans la phase d'exécution d'un marché public, l'opérateur économique qui s'estime lésé dans ses intérêts en tant que titulaire du contrat doit saisir le tribunal de première instance. Cette compétence est attribuée expressément à celle-ci par l'article 139 du Code des Obligations de l'Administration qui dispose : " *Les tribunaux de première instance sont compétents pour connaître du contentieux des contrats administratifs*".

Cette disposition se complète donc avec l'article 139.1 du code des marchés publics qui indique "*Les litiges relatifs aux marchés constituant des contrats administratifs sont soumis aux juridictions compétentes pour connaitre du contentieux des contrats administratifs, dans les conditions prévues par le Code des obligations de l'administration*".

Comme indiqué précédemment, l'opérateur requérant devra, pour éviter toute irrégularité dans sa saisine, notamment du point de vue de la compétence juridictionnelle, bien intégrer dans la construction de son recours la loi n°2014-26 du 03 novembre 2014 fixant l'organisation judicaire du Sénégal et l'article 19 du décret n° 2015-1145 du 03 août 2015 fixant la composition et la compétence des cours d'appel, des tribunaux de grande instance et des tribunaux d'instance.

Pour rappel, l'article 19 du décret précité dispose que "*Les tribunaux de grande instance connaissent tant en matière civile*

que commerciale de l'ensemble des matières qui ne sont pas de la compétence des tribunaux d'instance.
Ils connaissent également de l'ensemble du contentieux administratif de pleine juridiction et fiscal".

Ce dispositif réglementaire et la loi n° 2014-26 du 03 novembre 2014 fixant l'organisation judicaire du Sénégal, ont institué un changement d'appellation de certaines juridictions : les tribunaux départementaux sont désormais appelés "tribunaux d'instance" et les tribunaux régionaux, "les tribunaux de grande instance".

En conséquence, en application de toutes ces dispositions, en cas de contentieux dans l'exécution d'un marché public, l'opérateur économique titulaire du contrat, qui entend saisir le juge d'un recours devra introduire sa requête auprès tribunal de grande instance (anciennement appelé tribunal régional).

Toutefois, une fois la question du niveau juridictionnel résolue, l'opérateur économique requérant devra aussi régler celle de la compétence territoriale et il trouvera la réponse à l'alinéa 4 de l'article 34 du Code de procédure civile précité, lequel dispose :

" *Les contestations relatives à des fournitures, travaux, locations, louages d'ouvrage ou d'industrie, peuvent être portées devant le juge du lieu où la convention a été contractée ou exécutée, lorsqu'une des parties est domiciliée dans ce lieu ; s'il y a plusieurs défendeurs, devant le tribunal du domicile de l'un d'eux au choix du demandeur*".

En application de cette disposition, l'opérateur économique devra donc saisir le tribunal de grande instance du lieu de signature du marché dont il est titulaire ou celui du lieu d'exécution des prestations. Ce dernier point est particulièrement important pour les marchés signés par une autorité centrale basée à Dakar (autorité ministérielle par exemple), alors que le lieu d'exécution est hors de la capitale.

En outre, en cas d'exécution successive ou couvrant plusieurs localités sises sur des régions différentes (exemple de la construction ou de l'entretien d'une route nationale), il sera possible de prendre en compte la compétence du tribunal de grande instance du lieu où est exécutée la partie de la prestation à laquelle se rattache le litige. Toutefois, si le fait générateur du litige est plutôt global et concerne donc tout le marché, il convient alors de privilégier le lieu de signature du marché et saisir en conséquence le tribunal régional qui y a son siège.

1.1.2. L'application de la procédure en matière administrative

Comme indiqué précédemment, étant en pleine juridiction, le juge compétent ne doit pas être directement saisi par le requérant sans pour autant, au préalable, avoir adressé une demande à l'Autorité contractante, en application de l'article 729 du code de procédure civil qui dispose :
"*Toute action en justice doit être précédée d'une demande adressée à l'autorité administrative désignée pour recevoir l'assignation aux termes de l'article 39. Le silence gardé plus de quatre mois par l'autorité saisie vaut décision de rejet (...)*".

Tous les éléments probants qui pourront servir à établir que cette formalité préalable a été respectée devront nécessairement être soigneusement conservés (copie de la demande préalable, décharge, accusé de réception de la correspondance de transmission, ou tout autre document non équivoque qui établit que la demande a été bien reçue par l'autorité contractante) dans l'optique de la future saisine du juge.

Une fois cette demande reçue et en cas de rejet explicite ou implicite de la demande, le contentieux est dit "lié" et le tribunal de grande instance territorialement compétent peut alors être saisi. En outre, et pour rappel, si ce contentieux implique une collectivité territoriale, le requérant devra, dans le cadre des conditions de recevabilité de son assignation, se conformer à l'article 232 du code des collectivités territoriales qui dispose : « *Aucune action judiciaire autre que les actions possessoires ne*

peut, à peine d'irrecevabilité, être intentée contre une collectivité locale qu'autant que le demandeur a préalablement adressé au représentant de l'Etat, par lettre recommandée avec accusé de réception, un mémoire exposant l'objet et les motifs de sa réclamation. L'action ne peut être portée devant les tribunaux qu'un mois après que le représentant de l'Etat eut reçu le mémoire, sans préjudice des actes conservatoires.
La présentation du mémoire interrompt toute prescription ou déchéance, si elle est suivie d'une demande en justice dans le délai de trois mois ».

Le requérant devra donc aussi, préalablement à la saisine du juge, saisir le Représentant de l'Etat territorialement compétent, comme indiqué précédemment[32].

1.2. La compétence de la juridiction de droit commun statuant en droit commun

Cette compétence de la juridiction de droit commun statuant en droit commun est mise en exergue ici en « opposition » aux situations où elle statue en matière administrative. Cette application du droit commun se fait avec les SN et les SAPPM. Nous en examinons ci-après les généralités (**1.2.1**) avant de voir la spécificité de l'application qui est faite, dans ces cas, du droit commun (**1.2.2**).

1.2.1. Généralités sur les SN et les SAPPM

Il faut se référer principalement à la loi n°90-07 du 26 juin 1990 relative à l'organisation et au contrôle des entreprises du secteur parapublic et au contrôle des personnes morales de droit privé bénéficiant du concours financier de la puissance publique. En référence à cet article 2, il faut retenir que les SN et les SAPPM, au même titre que les EPIC, appartiennent au secteur parapublic.

Aux termes de l'article 4 du même texte, "*les sociétés nationales sont des sociétés par actions de droit privé dont le*

---

32 Voir supra p.153.

capital est intégralement souscrit par l'Etat et, le cas échéant, par d'autres personnes morales de droit public. Dans tous les cas, la participation directe de l'Etat est supérieure à 50% du capital social (...)".

Pour les SAPPM, il convient de prendre en compte l'article 6 de la loi précitée qui dispose que " *Les sociétés anonymes à participation publique majoritaire, régies par le code des obligations civiles et commerciales, sont des sociétés dans lesquelles une ou plusieurs personnes publiques possèdent directement ou indirectement au moins 50% du capital social (...)".*

Le niveau de participation de la personne publique dans le capital de ce type de société, mais par le biais d'une structure intermédiaire est indiqué comme suit, par cette même disposition:

"

- *si la personne publique possède 50% du capital social de l'organisme intermédiaire, sa participation est décomptée pour une valeur égale à la part détenue par l'organisme intermédiaire lui-même ;*
- *dans le cas contraire, la participation publique est calculée au prorata de sa participation au capital social de l'organisme intermédiaire".*

Dès lors que ces critères sont réunis, on est en présence d'une SN ou d'une SAPPM, ce qui, en application du COA et, surtout, du CMP, emporte des conséquences sur la compétence juridictionnelle pour le contentieux de leurs marchés publics.

1.2.2. L'application du droit commun

Les marchés conclus par les sociétés nationales et les sociétés anonymes à participation publique majoritaire sont soumis certes au tribunal de grande instance territorialement compétent, mais celui-ci, contrairement aux marchés publics des autres Autorités contractantes, ne statuera pas en matière administrative, mais fera plutôt application du droit commun. Le concept de droit commun peut-être défini comme l'ensemble des règles juridiques applicables à toutes les situations qui ne font pas l'objet de règles spéciales ou particulières.

Ce régime dérogatoire est clairement consacré par l'article 139.2 du CMP qui dispose que " *Les litiges relatifs aux marchés des sociétés nationales et sociétés anonymes à participation publique majoritaire sont soumis aux tribunaux de droit commun*".

Le législateur sénégalais a conservé son approche de ces types de société car, déjà, dans le texte de 1990 consacré à ces structures, il indiquait, concernant spécifiquement les SAPPM, que leurs règles de création, d'organisation et de fonctionnement " *sont conformes au droit commun des sociétés commerciales*".

En outre, dans l'exposé des motifs de la loi n° 2006-16 modifiant la loi n° 65-61 du 19 juillet 1965 portant Code des Obligations de l'Administration, le législateur sénégalais fait remarquer que " (...) *les dispositions du COA relatives aux marchés publics ne concernent que les marchés ayant le caractère de contrats administratifs. Les marchés passés par les sociétés nationales et les sociétés à participation publique majoritaire demeurent des contrats de droit privé, même s'ils sont passés selon les règles prévues par le Code des Marchés publics*".

En application de tout ce dispositif légal et réglementaire, le requérant, dans le cadre d'un litige relatif à un marché public conclu par une SN ou une SAPPM, devra donc saisir le juge de droit commun, sous peine d'irrecevabilité de son action du point de vue de la compétence juridictionnelle.

2. Quelques indications pour bien préparer et bien gérer son dossier contentieux

En matière contentieuse, il est très important pour les parties d'user de toutes les voies de droit principales ou accessoires, pour défendre sa cause et la faire préserver. Il ne s'agit pas ici d'encourager des procédures dilatoires dont le seul but est de gagner du temps. L'objet d'une partie de la présente section est plutôt d'indiquer à l'opérateur économique qu'il est possible et très utile de définir une stratégie d'action pour préserver au mieux ses intérêts (**2.1**).

En outre, le contentieux de pleine juridiction étant pécuniaire le plus souvent, il est particulièrement important de garder à l'esprit qu'une demande d'indemnisation implique une méthodologie dans le montage et la structuration du dossier à soumettre au juge compétent (**2.2**).

2.1. Préserver ses intérêts dans l'optique du contentieux

Deux points nous paraissent essentiels à la préservation des intérêts d'une partie, les expertises **(2.1.1),** et la demande de provision selon la procédure de référé, étant entendu, qu'au regard de l'état du droit positif sénégalais, ce dernier point est abordé sous une forme interrogative **(2.1.2).**

2.1.1. L'importance des expertises

L'opérateur économique titulaire d'un contrat de marché public gagnera toujours à anticiper sur la constitution de son "dossier contentieux" dès qu'il se rend compte qu'aucune issue amiable ne peut être espérée pour le désaccord avec l'Autorité contractante. Cette anticipation peut passer par une expertise, laquelle pourrait éclairer le juge ou l'éventuel arbitre, plus tard dans la résolution du litige.

Cette expertise pourrait servir à préciser la nature et l'étendue du dommage allégué et / ou le montant du préjudice, ce qui peut être extrêmement important au regard de l'objectif de rétablir un équilibre qu'on estime, du côté du cocontractant de l'Autorité contractante, rompu ou détruit par le dommage.

Toutefois, il est important de préciser que cette expertise ne peut avoir pour effet de combler une absence de preuve ou une quelconque carence du titulaire du marché à convaincre du bienfondé de son action qu'il compte introduire plus tard. En effet, l'utilité de la mesure d'expertise réside dans ce point. Elle doit présenter un intérêt pour la juridiction ou l'instance arbitrale qui sera saisi du litige, les éclairant ainsi dans la résolution du différend.

En effet, "*L'utilité d'une mesure d'expertise doit être appréciée d'une part, au regard des éléments dont le demandeur dispose ou peut disposer par d'autres moyens et, d'autre part, bien que ce juge ne soit pas saisi du principal, au regard de l'intérêt que la mesure présente dans la perspective d'un litige principal, actuel ou éventuel, auquel elle est susceptible de se rattacher*"[33].

Toutefois, la valeur d'une expertise unilatéralement diligentée par l'opérateur économique serait moindre car non contradictoire, avec une situation qui s'apparenterait à une relation entre un mandant (le demandeur) et son mandataire (l'expert), ce qui pourrait poser un problème d'objectivité. L'expertise judiciaire, diligentée sur ordonnance du juge sur requête de la partie qui estime avoir subi un dommage a, quant à elle, une valeur certaine et pourrait peser dans la future décision quand une action au fond est introduite dans les conditions de forme et de procédure requises.

Avec une demande précise, le juge pourrait prescrire toute mesure utile d'expertise, laquelle peut consister en des constatations, évaluations, sur des faits, une situation, des travaux, se rapportant directement au marché.

Enfin, à chaque fois qu'une action juridictionnelle future est envisagée et qu'au préalable, et dans l'optique de celle-ci, une demande d'expertise est demandée, l'opérateur économique devra s'assurer que cette dernière est formulée :

- au soutien de prétentions qui relèvent de la compétence de la juridiction,

---

[33] Nicolas Nahmias et Jean-Joseph Giudicelli, *Appréciation de l'utilité dans le cadre du référé expertise en matière contractuelle, in* **Contrats Publics** – n° 177 -Juin 2017, p.67

- au soutien de faits non prescrits,
- au soutien de faits se rapportant au marché, avec un lien de causalité entre le préjudice à évaluer et les manquements de l'Autorité contractante.

2.1.2. Quid de la demande de provision en procédure de référé ?

Il est vrai, et il faut le reconnaître, qu'il peut paraître très singulier que le juge, même en l'absence d'une demande au fond, puisse accorder une provision au requérant, en sa qualité de créancier, qui l'a saisi à cet effet. Pourtant, c'est le principe même du référé-provision.

Toutefois, pour que ce principe soit admis, et c'est logique, il ne faudrait pas que l'existence de cette créance et l'obligation de s'en acquitter soient sérieusement contestables. En outre, parce qu'on est en matière administrative (hormis le contentieux des SN et des SAPPM), une telle demande de provision ne pourra être introduite devant le juge que si le requérant a introduit auprès de l'Autorité contractante, un recours préalable aux fins de règlement de la créance se rapportant au marché.

Une telle procédure, même si elle n'est pas expressément prévue par les textes sénégalais, peut être très utile pour de litiges liés à un refus ou retard de paiement de règlement du solde du marché après la réception définitive des prestations.

2.2. Savoir monter un dossier de demande d'indemnisation

Soumettre au juge une demande indemnitaire implique une grande rigueur dans la détermination du manquement reproché à l'Autorité contractante, dans la qualification du préjudice et du lien de causalité entre les deux **(2.2.1).** En outre, l'opérateur économique requérant devra bien évaluer son préjudice et chiffrer sa demande **(2.2.2).**

2.2.1. La rigueur dans la détermination du manquement, de la qualification du préjudice et du lien de causalité

Comme dans tout contentieux, l'opérateur économique titulaire d'un marché public et qui entend engager la responsabilité contractuelle de l'Autorité contractante doit nécessairement établir (i) la faute ou le manquement dont celle-ci s'est rendue coupable, (ii) le préjudice qu'il a subi et (iii) le lien de causalité entre ces derniers. La constitution de ce dossier doit être rigoureuse aussi bien sur la forme que sur le fond et cela nécessite l'intervention d'un spécialiste de la matière objet du marché ou du contentieux.

Le contentieux d'un marché public qui porte par exemple sur un refus de réception des prestations pour défaut de conformité des fournitures de logiciels informatiques pourrait ainsi impliquer l'intervention, pour le compte de l'opérateur économique concerné, d'un spécialiste de l'informatique, lequel fournira au conseil juridique de celui-ci, des éléments techniques à traiter dans le mémoire.

De manière générale, en fonction de la spécificité du contentieux et de l'objet du marché, le mémoire introductif d'instance devra couvrir des aspects juridiques (nécessairement), techniques et financiers. L'objectif visé est d'emporter la conviction du juge et cela passe, entre autres points, par une absence d'approximation, la pertinence de l'argumentaire juridique et la justesse dans la description de l'existence matérielle des faits invoqués et considérés comme fautifs.

Dans un premier temps, le mémoire devra exposer de manière détaillée et précise les faits et le contexte du litige. Puis, dans un second temps, il sera question de l'argumentaire qui comportera :

i. les motifs en droit et en fait pour justifier du bien-fondé de l'action et, donc, la qualification juridique de la faute,
ii. la qualification des chefs de préjudice subi ainsi que
iii. le lien de causalité entre la faute et le(s) préjudice(s)invoqué(s),

iv. le montant et la justification de l'indemnisation réclamée.

Toutefois, dans certains cas, la situation à la base de l'action contentieuse peut ne pas être une faute ou un manquement quelconque de l'Autorité contractante. C'est le cas en effet de faits générateurs comme la force majeure, la résiliation pour un motif d'intérêt général, la modification unilatérale du contrat avec, pour conséquence, une rupture de l'équilibre économique de celui-ci, etc. Dans pareils cas, la démarche indiquée ci-dessus sur l'articulation de la requête sera la même, à la différence notable de l'approche sur le fond de l'argumentaire en fait et en droit.

Il est très important d'être très clair et convaincant sur le lien de causalité entre la faute ou le fait générateur (qui peut être différent d'une faute) et le préjudice invoqué. En d'autres termes, il faudrait indiquer, de par l'exposé sur ce point du mémoire, que sans cette faute ou ce fait générateur, ledit préjudice n'aurait pas existé. En outre, le rapport avec le marché doit également être direct.

2.2.2. Savoir évaluer un préjudice et chiffrer la demande

Le principe d'une indemnisation est qu'elle doit être juste et équitable, couvrant ainsi tous les préjudices de la partie qui a subi le dommage. Les demandes indemnitaires formulées par un titulaire du marché évoquent très souvent « les dépenses engagées », « le gain manqué », « la perte de chance », etc. Mais quel que soit le préjudice au titre duquel un dédommagement est demandé, l'évaluation doit en conséquence être bien effectuée et le montant demandé par le titulaire du marché doit être précis, bien justifié, avec un mode de calcul clair, de telle sorte que toute situation d'enrichissement indu sera écartée.

Dans ce travail d'estimation des montants à demander au juge, la date de l'évaluation du préjudice sera très importante et il ne faudrait pas se baser sur une date erronée. Il est vrai que certaines difficultés peuvent apparaitre pour l'opérateur économique requérant, lequel, malgré le caractère incontestable du préjudice et une décision favorable du juge, peut attendre une longue période avant de bénéficier d'une réparation effective. Sur ce point, il pourrait être intéressant, pour les dommages dits « continus » ou ceux de type « successif », de demander à ce que le juge apprécie le préjudice au moment où il statue. Selon le type de préjudice, une actualisation pourra être demandée au juge bien que, dans les situations où l'intervention d'un expert a été ordonnée par celui-ci, il est fort probable qu'il (le juge) apprécie la réparation en se plaçant au jour du dépôt du rapport d'expertise.

Incontestablement, il faut suivre une vraie méthodologie dans la formulation de la demande indemnitaire. Cette méthodologie est encore beaucoup plus importante dans des contentieux spécifiques comme, par exemple, ceux qui portent sur le rééquilibrage économique. Sur ce point, il convient d'intégrer que « *Toute réclamation fondée ne pourra prospérer que s'il existe, en dehors de toute responsabilité de l'entrepreneur, une différence manifeste entre le budget prévisionnel fixé pour l'exécution de tels travaux et le coût réel de leur exécution.*
La demande devra, ainsi, mettre en exergue cette distorsion, non normalement prévisible, pour motiver in fine la nécessité d'opérer, au bénéfice de l'entrepreneur, un rééquilibrage financier du marché public »[34].

L'opérateur économique devra démontrer, au moyen d'un calcul rigoureux qui intègre ses éléments concrets et vérifiables de l'évolution des prestations, qu'il y a un vrai bouleversement de l'équilibre économique du marché public.

Une rigoureuse méthodologie de calcul est aussi attendue du côté du requérant qui formule dans sa requête une demande indemnitaire au titre d'une résiliation anticipée du contrat en dehors de toute faute de sa part. Celui-ci peut demander en effet l'indemnisation des coûts qu'une telle résiliation a générés pour

---

[34] Squire Patton Boggs, *Marchés publics : préjudice financier, précision et réclamation,* in « la revue squire patton boggs », Droit public-Construction, mars 2009.

lui. Il pourra en outre évaluer son manque à gagner et en demander l'indemnisation. Aux fins de déterminer ce manque à gagner, l'opérateur économique mettra en avant, et de manière précise et vérifiable, le chiffre d'affaires qu'il aurait normalement réalisé si le marché était allé jusqu'à son terme initial, ainsi que la marge nette qui aurait été effectuée une fois que toutes les charges déduites. Ces charges peuvent être en effet : les charges de personnel, le coût de la location de matériels, les taxes, le coût des assurances, les frais de fonctionnement (véhicule, communication, etc.).

Ce principe d'indemnisation du manque à gagner peut se poser sous un autre angle dans les marchés à bons de commandes. Pour rappel, l'article 25 du code des marchés publics dispose :

1. Lorsque l'Autorité contractante ne peut déterminer à l'avance le volume et le rythme des commandes de fournitures ou de services courants nécessaires à ses besoins, elle peut avoir recours :

a) à un marché à commande qui fixe le minimum et le maximum de fournitures ou de prestation, arrêtés en valeur ou en quantité, susceptibles d'être commandés au cours de la période déterminée n'excédant pas celle d'utilisation des crédits de paiement ; les quantités de prestations ou de fournitures à exécuter sont précisées pour chaque commande par l'autorité contractante en fonction des besoins à satisfaire ».

Dans ce genre de marché, l'indemnisation du manque à gagner ne pourra pas se baser sur le maximum car l'Autorité contractante ne s'engage que sur le minimum. Indemniser le titulaire du marché en intégrant « le maximum » reviendrait donc à créer une situation d'enrichissement indue. A titre d'illustration et de droit comparé, on cite exceptionnellement ci-après un arrêt du Conseil d'Etat français en date du 10 octobre 2018 dans lequel cette juridiction juge que :

« Considérant que si le titulaire d'un marché résilié irrégulièrement peut prétendre à être indemnisé de la perte du

bénéfice net dont il a été privé, il lui appartient d'établir la réalité de ce préjudice ; que dans le cas d'un marché à bons de commande dont les documents contractuels prévoient un minimum en valeur ou en quantité, le manque à gagner ne revêt un caractère certain qu'en ce qu'il porte sur ce minimum garanti »[35].

En matière d'indemnisation du manque à gagner, la situation est toute autre dans le cas d'une résiliation pour force majeure. En effet, pour une résiliation due à une telle cause, la responsabilité de l'Autorité contractante est exclue. Toutefois, le titulaire du marché peut demander le remboursement des dépenses effectuées (en produisant dans sa requête les factures en bonnes et dues formes ainsi que les preuves de paiement).

---

[35] Conseil d'Etat, 10 octobre 2018, n° 410501, *Société du docteur Jacques Franc* - Mentionné dans les tables du recueil Lebon

CHAPITRE III : L'ARBITRAGE : UN MODE ALTERNATIF DE REGLEMENT DU CONTENTIEUX DE L'EXECUTION DU MARCHE

Comme dans les autres pays de la sous-région, et conformément aux bonnes pratiques internationales, le code des marchés publics sénégalais prévoit la possibilité, pour les parties, de recourir à l'arbitrage pour régler le contentieux né de l'exécution du marché. Le contentieux des marchés publics est très souvent soumis à l'arbitrage.

En effet, en application de l'article 139 dudit code qui précise la compétence pour connaître des recours contentieux, « *Ces litiges peuvent également être soumis à un Tribunal arbitral dans les conditions prévues par l'Acte uniforme de l'OHADA relatif à l'arbitrage : les parties peuvent insérer une clause compromissoire dans les conditions prévues par le cahier des charges* ».

Compte tenu des dispositions du code des marchés publics (article 139 du code des marchés publics), du Traité de l'OHADA et de l'Acte Uniforme OHADA, seules les questions liées à « l'arbitrage OHADA » seront abordées ici[36]. Outre son coût qui peut être important, ce mécanisme de règlement du contentieux des marchés publics appelle quelques précisons utiles sur :

- des aspects organiques et procéduraux (**1**)
- l'issue de la procédure d'arbitrage dans le contentieux des marchés publics (**2**)

---

[36] Ne seront donc pas abordées, les problématiques de procédures concernant la Chambre de Commerce Internationale (CCI) de Paris, ou le Centre International pour le Règlement des Différends relatifs aux Investissements (CRDI) de Washington, pour le règlement des différends commerciaux ou liés aux investissements.

1. Considérations organiques et procédurales sur le mécanisme de l'arbitrage dans l'espace OHADA

Cette phase de la procédure d'arbitrage est axée, pour l'opérateur économique, autour de l'organe d'arbitrage à saisir du litige (**1.1**) et de la maîtrise des principales règles procédurales en matière d'arbitrage (**1.2**).

1.1. L'organe d'arbitrage à saisir du litige

En fonction du choix des parties au marché, tel qu'exprimé, en principe, dans la clause compromissoire ou le compromis, le litige pourra être soumis à un arbitrage institutionnel **(1.1.1)** ou ad hoc **(1.1.2),** et on verra aussi le cas de la CCJA **(1.1.3)**.

1.1.1. L'arbitrage institutionnel

L'arbitrage est dit « institutionnel » lorsqu'il est administré par une institution permanente d'arbitrage ou un centre d'arbitrage.

Pour les parties à un marché public, soumettre le litige né du contrat à un arbitrage dit institutionnel peut paraître plus sécurisant, compte tenu du fait que la procédure est prise en charge et administrée par une institution d'arbitrage, selon son règlement d'arbitrage, le tout avec l'appui technique d'un secrétariat. En outre, sur toute la durée de la procédure, le tribunal arbitral constitué bénéficie de l'appui logistique très important de l'institution permanente.

Cette sécurité recherchée en faisant recours à l'arbitrage institutionnel, peut aussi concerner la sentence arbitrale à venir. En effet, la sentence dans le cadre d'un arbitrage institutionnel est généralement considérée plus sécurisée du fait du « contrôle » effectué par l'institution, ce qui *a priori*, limiterait les risques de recours en annulation.

Il est important de préciser aux opérateurs économiques qu'une institution d'arbitrage ne tranche pas le fond du litige. Elle gère, ou administre, plutôt la procédure, en application de son règlement de procédure. Le tribunal arbitral doit donc être regardé distinctement du Centre d'arbitrage, même si c'est ce dernier qui gère les questions de forme et de procédure qui mèneront à la sentence arbitrale.

Comme structure proposant un arbitrage institutionnel, et susceptible de connaître d'un contentieux lié à l'exécution d'un marché public, en fonction du choix des cocontractants, on peut citer :

- le Centre d'arbitrage de la Cour Commune de Justice et d'Arbitrage (CCJA),
- le Centre d'arbitrage, de médiation et de conciliation de Dakar (CAMC) de la Chambre de commerce, d'industrie et d'agriculture de Dakar,
- le Centre d'Arbitrage, de Médiation et de Conciliation» de la Chambre de Commerce et d'Industrie du Bénin,
- le Centre d'arbitrage, de médiation et de conciliation de Ouagadougou (CAMC-O),
- la Cour d'arbitrage de Côte d'Ivoire (CACI),
- etc.

L'arbitrage institutionnel, par opposition à l'arbitrage ad hoc, présente les principales caractéristiques suivantes :

- une institution chargée d'administrer l'arbitrage, selon le règlement d'arbitrage,
- l'existence d'un règlement d'arbitrage que devra suivre, sauf dérogation expresse prévue par les parties dans la convention, le tribunal arbitral (les centres d'arbitrage visés ci-dessus ont chacun leur règlement),
- un Secrétariat qui sert, au tribunal, de support logistique et technique.

1.1.2. L'arbitrage ad hoc

Contrairement à l'arbitrage institutionnel, l'arbitrage ad hoc ne s'appuie pas, pour les besoins de son fonctionnement, sur une institution permanente. Sur l'organisation de la procédure et son fonctionnement, l'arbitrage ad hoc se caractérise par une étroite collaboration (directe) entre les arbitres (ou l'arbitre) et les parties.

De manière générale, l'arbitrage ad hoc se caractérise aussi par une souplesse dans la mise en place des règles de procédure devant régir la résolution du litige. L'arbitrage ad hoc consacre en quelque sorte, *« la primauté de la volonté des parties dans la constitution du tribunal arbitral et dans l'organisation de la procédure arbitrale »*[37].

Les parties à un marché public qui font recours à l'arbitrage ad hoc peuvent donc être séduites par la souplesse de ce mécanisme ainsi que par le coût, en principe moins important que celui de l'arbitrage institutionnel.

Toutefois, l'inexistence d'un règlement de procédure porté par un centre d'arbitrage peut être à l'origine de désaccords et de blocages, entre les parties, dans la définition de la procédure. Cela peut être de nature à retarder le processus d'arbitrage et c'est un des désavantages de l'arbitrage ad hoc. En outre, comme autre désavantage de ce mécanisme, on peut noter l'absence de « contrôle » de la sentence avant sa notification aux parties, comme l'aurait fait l'institution qui dispose de pouvoirs juridictionnels, ce qui peut avoir des conséquences sur la suite de la procédure.

Mais, ces inquiétudes peuvent (en partie) être levées si les parties ont opté, pour le siège de l'arbitrage, un pays membre de l'OHADA. En effet, dans ce cas, l'Acte Uniforme OHADA

---

[37] Gaston KENFACK DOUAJNI, formation des magistrats et assesseurs des tribunaux de commerce du Burkina Faso, organisée par l'ERSUMA, thème : *le droit de l'arbitrage*, par Gaston KENFACK DOUAJNI, novembre 2010, p.8

relatif au droit de l'arbitrage, aura vocation à s'appliquer (article 1 de l'AU relatif au droit de l'arbitrage).

1.1.3. La CCJA

La CCJA est également un centre d'arbitrage, donc pratiquant un arbitrage institutionnel assis sur le règlement d'arbitrage de la Cour. Mais, contrairement aux autres centres d'arbitrage, les sentences arbitrales rendues sous l'égide de la CCJA ont l'autorité de la chose jugée dans l'espace OHADA. Elles bénéficient aussi d'un privilège en matière d'exécution dans tout l'espace OHADA en vertu d'une décision d'exequatur relevant de la compétence exclusive de la CCJA elle-même, mais avec toutefois une formule exécutoire à apposer par l'organe national compétent[38]. Mais il est important de préciser qu'en matière d'arbitrage, la Cour ne tranche pas elle-même les différends, elle administre la procédure, avec l'assistance d'un Secrétaire Général.

Cette fonction d'administration de la procédure est clairement visée à l'article 1.1 du Règlement d'Arbitrage de la CCJA qui dispose que celle-ci « *(...) exerce (...) les attributions d'administration des arbitrages dans le domaine qui lui est dévolu par l'article 21 du Traité relatif à l'harmonisation du droit des affaires en Afrique, ci-après dénommé « Traité* ».

Au regard des importants enjeux financiers des marchés publics, les opérateurs économiques peuvent privilégier le choix de la CCJA qui propose un cadre d'arbitrage offrant, a priori, des garanties de nature à les rassurer.

C'est en substance ce qu'un spécialiste comme René BOURDIN entend mettre en avant quand il indique que « *L'arbitrage de la CCJA a des avantages incontestables et*

---

38 Article 31.2 du Règlement d'arbitrage de la CCCJA : « *Au vu de la copie conforme de la sentence revêtue de l'attestation du Secrétaire Général de la Cour, l'autorité nationale désignée par l'Etat Partie pour lequel l'exequatur a été demandé, appose la formule exécutoire telle qu'elle est en vigueur dans ledit Etat* ».

considérables sur toute autre formule proposée par les institutions arbitrales. Le fait de n'avoir de contact qu'avec une seule autorité pour la phase arbitrale et pour la phase contentieuse qui peut être éventuellement suivie, d'avoir à sa disposition une autorité de très haut niveau donnant ainsi toutes les garanties d'intégrité et d'indépendance, sont des atouts considérables »[39].

1.2. Les principales règles procédurales en matière d'arbitrage

Il est très important de préciser que ce mode de règlement du litige relatif au marché public n'est possible que si les parties avaient prévu, dans le contrat, une clause compromissoire ou, ont conclu un compromis après la survenance du contentieux **(1.2.1)**. Après ces précisions, seront exposées les règles de forme et de procédure *stricto sensu* devant l'instance arbitrale **(1.2.2).**

12.1. Un recours subordonné à l'existence d'une clause compromissoire ou d'un compromis

Il est toujours préférable que les parties à un contrat indiquent clairement dans les clauses, par quels procédés ou mécanismes envisagent-ils de résoudre un différend qui naitrait de leur accord. Si elles entendent recourir à l'arbitrage en lieu et place d'un règlement juridictionnel, ils peuvent l'indiquer dans une clause prévue à cet effet et dénommée « clause compromissoire ».

La clause compromissoire est en effet un mode privé de règlement des litiges. Elle traduit clairement la volonté des parties de se soustraire aux juridictions étatiques pour soumettre à un arbitre tout litige qui pourrait naître de leur contrat.

Toutefois, si les parties n'ont pas inséré une telle clause dans le marché, il n'en demeure pas moins qu'elles peuvent, une fois

---

[39] *Guide de l'arbitrage de la CCJA-OHADA, (*citation de René BOURDIN) p1,

le litige né, recourir à l'arbitrage, en concluant un accord spécifique qualifié de « compromis ».

Ainsi, si la clause compromissoire est la clause (ça peut aussi être une convention spécifique) par laquelle des parties consentent à soumettre leur différend à un arbitre en cas de litige futur, le compromis, pour sa part, désigne la convention par laquelle les parties à un litige déjà né décident de recourir à un arbitre qu'elles désignent pour trancher le litige. C'est ce que résume l'Acte uniforme relatif à l'arbitrage qui dispose en son article 3-1 que « *La convention d'arbitrage prend la forme d'une clause compromissoire ou d'un compromis* ».

L'un ou l'autre est, en tout état de cause, un préalable pour saisir une instance arbitrale en vue d'un règlement d'un différend né d'un marché public. Et, pour éviter toute ambigüité dans l'interprétation de la volonté des parties, cette convention « *doit être faite par écrit ou par tout autre moyen permettant d'en administrer la preuve, notamment par la référence faite à un document la stipulant* ».

Pour rappel, l'article 139 du code des marchés publics précise que ces litiges relatifs aux marchés publics « *peuvent également être soumis à un Tribunal arbitral dans les conditions prévues par l'Acte uniforme OHADA relatif à l'arbitrage : les parties peuvent insérer une clause compromissoire dans les conditions prévues par le cahier des charges* » (article 3-1, al.4 de l'AU précité).

Une fois ce préalable satisfait, les parties pourront donc entamer la procédure d'arbitrage en respectant la procédure prévue à cet effet.

1.2.2. Les règles de forme et de procédure stricto sensu devant l'instance arbitrale

Les règles de forme et de procédure dont il est question ici ont trait à :

- l'acte de saisine (**a**),

- la constitution du tribunal arbitral (**b**),
- la vérification du respect de l'étape préalable (**c**).

a. L'acte de saisine

L'Acte Uniforme relatif à l'arbitrage ne précise pas les règles de forme de l'acte de saisine de l'instance arbitrale. Toutefois, si les parties à un marché public ont convenu de se placer sous l'égide la CCJA, il est indiqué à l'opérateur économique que le règlement d'arbitrage de la CCJA pose des règles de forme à observer dans l'acte de saisine, lequel introduit l'instance.

L'acte de saisine doit être clair et complet, à la fois sur les informations concernant les parties aux litiges et sur les demandes formulées.

L'article 5 du règlement d'arbitrage de la CCJA exige le contenu suivant pour l'acte de saisine :

- *les nom, prénoms, qualités, raison sociale et adresses postale et électronique des parties avec indication d'élection de domicile pour la suite de la procédure ;*
- *la convention d'arbitrage liant les parties,*
- *un exposé sommaire du différend, des prétentions du demandeur et des moyens produits à l'appui, ainsi que l'énoncé du montant de ses demandes ;*
- *toutes indications utiles et propositions concernant le nombre et le choix des arbitres ;*
- *les conventions intervenues entre les parties sur le siège de l'arbitrage, la langue de l'arbitrage, la loi applicable à la convention d'arbitrage, à la procédure de l'arbitrage et au fond du litige ; à défaut de telles conventions, les souhaits du demandeur à l'arbitrage sur ces différents points sont exprimés.*

Il est possible que certaines de ces informations soient déjà visées dans la clause compromissoire ou dans le compromis. C'est le cas des indications sur le nombre et le choix des arbitres, le siège de l'arbitrage, la langue de l'arbitrage (…). Dans ce cas, l'absence de telles informations dans l'acte de saisine n'affecte pas celui-ci, du moment où le contrat de marché (qui contient une clause compromissoire avec ces informations) ou le compromis, est produit à l'appui de l'acte de saisine.

Dès l'acte de saisine, l'opérateur économique devra également être précis dans les griefs, ainsi que sur les motifs de fait et de droit au soutien de ses demandes contre l'autorité contractante. Un travail de chiffrage précis des préjudices devra être effectué puisque les montants demandés au tribunal arbitral doivent nécessairement être renseignés dans l'acte de saisine.

Par ailleurs, il est très important de ne pas se tromper sur l'instance arbitrale à saisir et, pour cela, la clause compromissoire, ou le compromis, devra être la plus claire possible pour qu'aucune contestation de la compétence de l'institution saisie ne puisse être soulevée valablement.

Sur ce point, dans un litige relatif à un marché public auquel il était partie, l'Etat béninois contestait la validité de la sentence arbitrale au motif qu'il n'était pas établi que les parties avaient clairement convenu de confier l'arbitrage à la CCJA. Pour répondre à ce moyen la Cour a analysé et interprété le contenu de la clause compromissoire pour en ressortir sa désignation par les parties, pour connaitre du litige dans le cadre d'une procédure arbitrale. Son raisonnement fut le suivant :

«Attendu que l'Etat du Bénin conteste la validité de la sentence, estimant que la clause contenue dans l'article 49 du contrat de marché n°20/MEF/MPDEPP/CAG/MDCEMTMIP/DNCMP du 9 février 2011, renvoyant aux dispositions du Traité de l'OHADA, est vague et imprécise et ne peut permettre d'affirmer que la commune volonté des parties est de retenir l'arbitrage CCJA;

Mais attendu qu'il est constant que, toute clause renvoyant à l'arbitrage conformément aux dispositions du Traité de l'OHADA, renvoie à l'arbitrage institutionnel sous l'égide de la CCJA; qu'en effet, le titre IV du traité, intitulé « L'ARBITRAGE », auquel sont dédiés les articles 21 à 25, ne règlemente que l'arbitrage institutionnel de la CCJA, les arbitrages ad 'hoc et les autres arbitrages institutionnels étant régis par l'Acte uniforme relatif à l'arbitrage; qu'ainsi, il y a lieu de rejeter comme non fondé ce grief formulé à tort contre la sentence entreprise »[40].

Cela montre encore une fois, l'importance de la clarté et de la rigueur dans la rédaction de la convention d'arbitrage pour qu'il n'y ait aucune ambigüité dans la lecture du choix des parties relativement à l'instance arbitrale. Dans cette affaire, viser dans la clause compromissoire l'arbitrage selon le traité de l'OHADA emportait automatiquement la compétence de la CCJA, ce que ne semblait pas comprendre (*a priori*) le défendeur.

Si les parties ont décidé de se placer sous l'égide d'un centre d'arbitrage, comme celui de la CAMC-CCIAD (Dakar), l'opérateur économique devra par contre, pour son acte de saisine, se conformer aux exigences formelles du règlement d'arbitrage de ce centre, sauf dérogation expresse indiquée dans la convention d'arbitrage.

b. La constitution du tribunal arbitral

Quel que soit l'organisme d'arbitrage saisi ou le règlement d'arbitrage applicable, la constitution du tribunal arbitral est une étape importante de la procédure. Elle peut être, sur certains points comme le nombre d'arbitres, abordée dans la convention d'arbitrage. Dans le silence des parties ou en cas d'indécision, l'organisme d'arbitrage saisi entreprendra de régler la question, en collaboration avec les parties, en vertu de ses pouvoirs d'administration de la procédure.

La règle est que le tribunal arbitral est composé d'un arbitre unique ou de trois arbitres (article 5 de l'AU relatif à l'arbitrage, article 3 du règlement d'arbitrage de la CCJA). Mais, en

---

40 OHADA, Cour commune de justice et d'arbitrage, 15 octobre 2015, 103/2015.

application de l'AU relatif à l'arbitrage, à défaut d'accord entre les parties, le tribunal arbitral est constitué d'un arbitre unique.

La résolution des désaccords, indécisions ou silence des parties sur la constitution du tribunal arbitral se présente toutefois différemment selon qu'on se réfère à l'Acte Uniforme précité ou au règlement d'arbitrage de la CCJA.

En effet, l'Acte Uniforme relatif à l'arbitrage, qui régit l'arbitrage de droit commun dans l'espace OHADA, prévoit une intervention active de la juridiction compétente dans l'Etat partie. C'est ainsi le cas lorsque les parties n'ont prévu que la désignation de deux arbitres (au lieu de trois). Dans ce cas, l'AU précité prévoit que le tribunal arbitral est complété alors par un troisième arbitre choisi par les parties d'un commun accord et, si celles-ci n'arrivent pas à se mettre d'accord, le tribunal sera complété par les arbitres désignés ou, à défaut d'accord entre ces derniers, par la juridiction compétente dans l'Etat Partie[41].

De même, si les parties ont convenu dans leur convention d'arbitrage que le tribunal arbitral sera composé d'un arbitre unique, sans toutefois s'accorder sur le choix de celui-ci, il sera désigné, sur la demande d'une partie, par la juridiction compétente dans l'Etat Partie[42].

Pour sa part, le règlement d'arbitrage de la CCJA reconnait à celle-ci de larges pouvoirs dans la constitution du tribunal arbitral, que ce soit pour la confirmation des arbitres choisis par les parties ou pour la désignation par elle-même, en cas de désaccord ou d'indécision de leur part.

En effet, l'arbitre unique désigné d'un commun accord par les parties est confirmé ensuite par la Cour. Toutefois, à défaut d'accord sur la désignation de l'arbitre unique, dans un délai de trente jours à partir de la notification de la demande d'arbitrage,

---

[41] Article 6 de l'Acte Uniforme relatif à l'arbitrage

[42] Article 6 de l'Acte Uniforme relatif à l'arbitrage

l'article 3.1 du règlement d'arbitrage de la CCJA indique que l'arbitre est alors nommé par la Cour.

Ce même pouvoir de confirmation et de nomination en cas de désaccord entre les parties, est prévu pour l'hypothèse d'un tribunal constitué de trois arbitres, en application de la convention d'arbitrage[43].

c. La vérification du respect de l'étape préalable

Il est important de préciser aux opérateurs économiques que malgré l'existence d'une convention d'arbitrage, la saisine de l'organe d'arbitrage ne peut toutefois pas être automatique, notamment si le marché (ou même la convention d'arbitrage) avait prévu d'autres procédures de règlement des litiges éventuels, avant le recours à l'arbitrage en cas d'échec de celles-ci.

Le tribunal arbitral vérifie toujours le respect de cette étape préalable, si la question est soulevée par l'autre partie. Si cette

---

[43] Article 3.1 du règlement d'arbitrage de la CCJA :
« *(...) Lorsque trois arbitres ont été prévus, chacune des parties, dans la demande d'arbitrage ou dans la réponse à celle-ci, désigne un arbitre indépendant pour confirmation par la Cour. Si l'une des parties s'abstient, la nomination est faite par la Cour. Le troisième arbitre, qui assume la présidence du tribunal arbitral, est nommé par la Cour, à moins que les parties n'aient prévu que les arbitres qu'elles ont désignés devraient choisir le troisième arbitre dans un délai déterminé. Dans ce dernier cas, il appartient à la Cour de confirmer le troisième arbitre. Si à l'expiration du délai fixé par les parties ou imparti par la Cour, les arbitres désignés par les parties n'ont pu se mettre d'accord, le troisième arbitre est nommé par la Cour.*

Si les parties n'ont pas fixé d'un commun accord le nombre des arbitres, la Cour nomme un arbitre unique, à moins que le différend ne lui paraisse justifier la désignation de trois arbitres. Dans ce dernier cas, les parties disposent d'un délai de quinze jours pour procéder à la désignation des arbitres.

Lorsque plusieurs demandeurs ou défendeurs doivent présenter à la Cour des propositions conjointes pour la nomination d'un arbitre et que celles-ci ne s'accordent pas dans les délais impartis, la Cour peut nommer la totalité du tribunal arbitral ».

étape n'a pas été respectée, la procédure d'arbitrage sera alors suspendue le temps pour les parties de se conformer à la procédure[44].

Comme étape préalable, on peut citer la saisie du Comité de Règlement de Différends de l'ARCOP, si les parties avaient prévu dans le marché, ou dans la convention d'arbitrage, cette procédure de règlement sous forme de conciliation instituée par l'article 138 du Code des marchés publics qui dispose : « *1. En cas de différends relatifs à l'exécution des marchés publics, l'Autorité contractante ou le titulaire du marché peut recourir au Comité de règlement des différends placé auprès de l'Organe chargé de la régulation des marchés publics.*

2. Dans les cas visés à l'alinéa 1 ci-dessus, le Comité de règlement des différends a pour mission de rechercher des éléments de droit ou de fait en vue de proposer une solution amiable et équitable aux différends qui lui sont soumis ».

Dans ce cas, c'est seulement après cette étape (qui n'aura donc pas abouti à un règlement amiable ou à une conciliation) que la demande d'arbitrage pourra être introduite.

2. L'objet et l'issue de l'arbitrage dans le contentieux des marchés publics

L'instance arbitrale saisie se penchera sur un litige dont l'objet peut porter sur divers aspects du marché (**2.1**). A la fin du processus et de l'instance, différentes problématiques peuvent se poser, quant à l'issue de l'arbitrage (**2.2**).

2.1. L'objet du contentieux des marchés publics à trancher par le tribunal arbitral

L'arbitrage, qu'il soit institutionnel ou ad hoc, peut porter sur différents aspects du marché, et c'est souvent précisé dans la

[44] Articles 8-1 de l'Acte Uniforme relatif à l'arbitrage, et 21-1 du règlement d'arbitrage de la CCJA.

clause compromissoire ou le compromis. Le litige en question peut porter, par exemple, sur l'exécution du marché **(2.1.1)** ou sa résiliation **(2.1.2).**

2.1.1. L'exécution du marché

Relativement à l'exécution du marché, le litige soumis à l'arbitrage peut porter, par exemple, sur l'interprétation des clauses du marché **(a),** ou sur ses conditions d'exécution **(b).**

a. L'interprétation des clauses du marché

Certains litiges entre les parties dans l'exécution du marché peuvent être liés à une divergence d'interprétation des clauses du marché, lesquelles peuvent être obscures, ambiguës ou complexes. Il faut aussi reconnaitre que certaines difficultés d'interprétation peuvent relever d'une mauvaise foi ou d'une mauvaise volonté de l'une des parties.

Mais, si ces litiges peuvent bien être soumis à l'arbitrage, le demandeur devra, dans son dossier de saisine, justifier de la réalité du litige afin d'éviter que la procédure introduite auprès de l'instance arbitrale ne s'apparente à une consultation juridique, ce qui n'est ni l'objet, ni le but de l'action.

A titre d'exemple, peut être considéré comme litige lié à l'interprétation des clauses d'un marché public, le refus de l'Autorité contractante de régler les factures au motif que le marché était conclu à prix forfaitaire alors que le titulaire considère qu'il s'agit de prix unitaires, appliqués aux quantités réellement exécutées, ce qui peut engendrer une forte différence de montant.

b. Les conditions d'exécution du marché

Comme pour l'interprétation des clauses contractuelles, les conditions d'exécution du marché peuvent être au centre du litige qui est soumis à l'arbitrage. Il faut rappeler que contrairement à l'Autorité contractante, l'opérateur économique n'a pas un pouvoir d'imposer une situation juridique à l'autre partie au moyen d'une décision unilatérale. Pour préserver ses intérêts en cas de difficultés dans l'exécution du marché, le titulaire n'a d'autres choix que (i) d'essayer de trouver d'abord une solution avec l'Autorité contractante, ensuite (ii) saisir, le cas échéant, le Comité de Règlement de Différends de l'ARCOP aux fins de conciliation, et enfin, si aucune solution n'est trouvée, (iii) saisir soit le juge compétent, soit l'instance arbitrale le cas échéant.

Pour son dossier d'arbitrage, et comme dans tout litige, l'opérateur économique qui initie la procédure, devra exposer clairement les éléments descriptifs du litige, et préparer un argumentaire solide en fait et en droit, avec toutes les pièces justificatives, pour soutenir ses prétentions.

Outre l'interprétation des clauses, la résiliation ou l'annulation du marché, ces litiges peuvent aussi porter, par exemple, sur :

- le paiement des prestations,
- les incidences financières des avenants,
- l'application de pénalités de retard, avec de lourdes conséquences financières sur le titulaire du marché,
- la conformité des prestations par rapport au cahier des charges,
- la réception des prestations,
- etc.

2.1.2. La résiliation du marché

La résiliation des marchés publics engendre un contentieux assez fourni, avec, souvent, des enjeux financiers très importants. La demande d'arbitrage introduite par l'opérateur économique peut porter sur cette question de la résiliation, mais la problématique au centre de l'action peut être différente d'un cas à l'autre.

En effet, relativement à la résiliation d'un marché public, l'opérateur économique titulaire du contrat peut être en désaccord avec l'Autorité contractante selon plusieurs hypothèses dont seulement quelques-unes sont indiquées ci-après.

L'une des hypothèses est une décision de résiliation prise par l'Autorité contractante sur la base de l'article 129 du code des marchés publics à savoir : (i) un manquement grave du titulaire à ses obligations contractuelles, (ii) lorsque la réalisation du marché est devenue inutile ou inadaptée compte tenu des nécessités du service public, ou (iii) en cas de survenance d'un évènement affectant la capacité juridique du titulaire du marché dans les conditions fixées par les cahiers des charges. Dans l'un ou l'autre de ces cas, le titulaire du marché peut contester le motif de résiliation, l'estimant erroné et concluant ainsi à une résiliation abusive. Ici, en recourant à l'arbitrage, l'opérateur économique ne demande pas au tribunal arbitral d'annuler la décision de résiliation, mais plutôt, de « juger » que la résiliation est abusive et de statuer sur les demandes indemnitaires au titre des préjudices visés et évalués dans le dossier.

L'autre hypothèse d'un litige consécutif à la résiliation d'un marché public est un désaccord sur le montant de l'indemnisation. L'opérateur économique titulaire du marché cherchera à ce qu'il soit fait application de l'article 133 du code des marchés publics, si la résiliation est bien entendu imputable à l'Autorité contractante. Il sera en effet en droit de demander notamment : (i) le remboursement des dépenses occasionnées par l'ajournement éventuel qui a précédé la résiliation, (ii) l'indemnisation du préjudice subi et dont le montant ne peut toutefois être supérieur à la perte de bénéfices, (iii) le règlement des fournitures, services, travaux réalisés et non encore réglés. A ces préjudices, on pourrait ajouter, le cas échéant, le préjudice lié à l'image commerciale, notamment auprès des fournisseurs et autres partenaires de l'opérateur économique.

En tout état de cause au soutien de ses prétentions auprès du tribunal arbitral, l'opérateur économique devra produire toutes les pièces justificatives des préjudices allégués, ainsi que les éléments comptables et financiers de détermination et d'évaluation des montants demandés au titre des indemnisations.

2.2. L'issue de la procédure d'arbitrage

Au regard de l'attente raisonnable qu'un opérateur économique pourrait avoir d'une procédure d'arbitrage sur un marché public auquel il est partie, deux points nous paraissent essentiels quant à l'issue de la procédure :

- le caractère exécutoire et la contestation de la sentence arbitrale **(2.2.1),**
- la problématique de l'exécution des sentences contre les personnes publiques **(2.2.2).**

2.2.1. Le caractère exécutoire et la contestation de la sentence arbitrale

Concernant le caractère exécutoire d'une sentence arbitrale, il est important pour l'opérateur économique de comprendre les mécanismes juridiques qui président à l'exécution de la solution décidée par l'instance arbitrale. Ces mécanismes, s'ils sont bien maitrisés, peuvent être déterminants dans le choix de l'instance arbitrale compétent pour traiter un éventuel litige qui surviendrait à l'occasion de l'exécution du marché.
Pour une présentation simple, on peut considérer principalement l'exécution des sentences rendues sous l'égide de l'Acte Uniforme relatif à l'arbitrage et celles rendues sous un autre régime, comme celui de la CCJA.

Concernant une sentence rendue selon l'arbitrage OHADA, l'Acte Uniforme précitée dispose que « *La sentence arbitrale n'est susceptible d'exécution forcée qu'en vertu d'une décision d'exequatur rendue par la juridiction compétente dans l'Etat Partie* ».

Si l'opérateur économique entend faire exécuter la sentence arbitrale sous ce régime, il devra donc engager une procédure d'exequatur dans l'Etat membre du Traité OHADA, et dans le territoire duquel, la décision est appelée à être exécutée.

Au Sénégal, le juge compétent pour connaître de cette action est le président du tribunal de grande instance (anciennement tribunal régional) du lieu où l'exécution doit être poursuivie (article 789 du code de procédure civile).

Si l'exequatur est prononcé par le président de la juridiction nationale précitée, la sentence arbitrale aura alors, de plein droit, l'autorité de la chose jugée sur le territoire du Sénégal. C'est une procédure plutôt rapide et, d'ailleurs, l'article 789 du code précité précise que *« Le président (...) statue suivant la forme prévue pour les référés »*. Ces délais brefs sont confirmés à l'alinéa 5 de l'article 31 de l'AU précité qui dispose que « *La juridiction étatique, saisie d'une requête en reconnaissance ou en exequatur, statue dans un délai qui ne saurait excéder quinze jours à compter de sa saisine. Si à l'expiration de ce délai, la juridiction n'a pas rendu son ordonnance, l'exequatur est réputé avoir été accordé* ».

On le voit, l'Acte Uniforme a entendu conférer une grande force à la décision d'exequatur, ce qui, en conséquence, renforce l'intérêt d'une procédure d'arbitrage sous l'égide de l'OHADA. Cette force conférée à l'exequatur de la sentence arbitrale se voit aussi à travers la règle selon laquelle la décision qui accorde l'exequatur n'est susceptible d'aucun recours. En conséquence, si l'opérateur économique arrive à l'obtenir devant le juge national précité, l'Autorité contractante partie au marché n'aura aucune possibilité procédurale de contestation de l'exequatur, sauf si elle introduit un recours en annulation contre la sentence, ce qui emportera recours contre le jugement ayant accordé l'exequatur.

En revanche, si le président du TGI refuse l'exequatur demandée, l'opérateur économique ne disposera que d'une action possible : un pourvoi en cassation devant la Cour Commune de Justice et d'Arbitrage (article 32 de l'AU précitée).

Le président du TGI saisi ne peut toutefois refuser de prononcer l'exequatur que dans le cas où il juge que la sentence est manifestement contraire à une règle d'ordre public international. Le débat qui pourrait être soulevé ici porte sur ce concept d'ordre public international. En effet, s'agit-il de l'ordre public reconnu et adopté par les Etats membres au traité de l'OHADA ? S'agit-il plutôt d'une acception beaucoup plus large regroupant toute la communauté internationale ? Le débat ne semble pas tranché et il conviendrait peut-être de raisonner selon une logique juridique, en ne s'éloignant pas des principes fondamentaux d'une justice impartiale et équitable. Cette approche placerait au cœur de ce concept d'ordre public international, des éléments comme : l'égalité des parties devant l'instance arbitrale, le principe du contradictoire, le principe de transparence de la procédure, etc.

Pour les sentences arbitrales rendues sous l'égide de la CCJA, la situation est toute autre. En effet, en sa qualité d'organisme juridictionnel, la CCJA administre elle-même les procédures d'arbitrage placées sous son égide et dispose ainsi d'un monopole sur l'exequatur des sentences rendues.

C'est en effet ce qu'indique clairement l'article 25 du traité OHADA modifié, lequel dispose clairement que « *Les sentences arbitrales rendues conformément aux stipulations du présent titre ont l'autorité définitive de la chose jugée sur le territoire de chaque Etat Partie au même titre que les décisions rendues par les juridictions de l'Etat.*
Elles peuvent faire l'objet d'une exécution forcée en vertu d'une décision d'exequatur.
La Cour Commune de Justice et d'Arbitrage a seule compétence pour rendre une telle décision (...) ».

Ainsi, nul besoin de saisir une juridiction nationale d'une action aux fins de demander l'exéquatur de la sentence. *« La cour a l'exclusivité pour accorder l'exequatur aux sentences arbitrales issues d'un arbitrage CCJA. Toute juridiction nationale saisie d'une demande d'exequatur d'une sentence arbitrale doit se déclarer incompétente, car les États OHADA ont effectué un transfert de souveraineté judiciaire vers la Cour commune de justice et d'arbitrage qui a la compétence exclusive pour accorder l'exequatur aux sentences rendues sous l'égide du Centre d'arbitrage de la Cour commune de justice et d'arbitrage »*[45].

Pour l'opérateur économique, il s'agira d'adresser une requête au Président de la CCJA, avec copie au Secrétaire Général (article 30 du traité précité). Comme pour les règles de procédure concernant la demande d'exequatur pour les sentences rendues sous l'arbitrage OHADA, les délais dans lesquels la CCJA doit se prononcer sont brefs. En effet, aux termes de l'article 30.2 du Règlement d'arbitrage de la CCJA, « *L'exequatur est accordé, dans les quinze jours du dépôt de la requête, par une ordonnance du Président de la Cour ou du juge délégué à cet effet* ».

La Cour peut refuser de faire droit à la demande d'exequatur, mais dans des cas limitativement énuméré à l'article 30.5 du Règlement d'arbitrage précité, à savoir :

- si le tribunal arbitral a statué sans convention d'arbitrage ou sur une convention nulle ou expirée ;
- si le tribunal arbitral a statué sans se conformer à la mission qui lui avait été conférée ;
- lorsque le principe de la procédure contradictoire n'a pas été respecté;
- si la sentence est contraire à l'ordre public international.

Une possibilité de recours contre la décision de refus est reconnu au requérant, lequel pourra alors saisir la CCJA dans les quinze (15) jours de la notification du rejet de la requête[46]. Si par

---

[45] Sylvie BEBOHI EBONGO, *la pratique de l'arbitrage OHADA selon le règlement d'arbitrage CCJA*, RJOI 2017 – n° 24, p. 133

[46] Ce délai est réduit à trois (3) jours lorsque le recours porte sur l'exécution d'une sentence du tribunal arbitral relative à des mesures provisoires ou conservatoires (article 30.3 du Règlement d'arbitrage de la CCJA).

contre la Cour fait droit à la demande d'exequatur, la décision ne sera susceptible d'aucun recours.

Au-delà de cette question de monopole, on note avec l'article 25 précité du traité de l'OHADA que les sentences rendues sous l'égide la CCJA ont l'autorité définitive de la chose jugée sur le territoire de chaque Etat Partie. Cela donne un certain intérêt à l'arbitrage dit CCJA du fait de la latitude dont disposerait l'opérateur économique pour faire exécuter la sentence, en visant les biens dont disposerait, le cas échéant, l'Etat cocontractant au marché, sur le territoire de tout Etat membre de l'OHADA[47].

Concernant la contestation de la sentence arbitrale, les principales règles suivantes sont à intégrer dans la réflexion sur l'issue du contentieux relatif à l'exécution d'un marché public. S'il entend introduire un recours en annulation contre une sentence arbitrale rendue en application de l'AU OHADA relatif à l'arbitrage, l'opérateur économique devra introduire sa requête dès le prononcé de la sentence. L'action demeure recevable tant que la sentence n'est pas signifiée et elle cesse de l'être si, passé un mois à compter de la signification de la sentence, elle n'a pas été introduite.
Outre cette condition de délai, il convient de noter que le recours en annulation n'est recevable que :

- si le tribunal arbitral a statué sans convention d'arbitrage ou sur une convention nulle ou expirée ;
- si le tribunal arbitral a été irrégulièrement composé ou l'arbitre unique irrégulièrement désigné ;
- si le tribunal arbitral a statué sans se conformer à la mission qui lui a été confiée ;
- si le principe du contradictoire n'a pas été respecté ;
- si la sentence arbitrale est contraire à l'ordre public international ;
- si la sentence arbitrale est dépourvue de toute motivation.

[47] Sous-réserve des immunités d'exécutions applicables.

Il appartiendra donc à l'opérateur économique de viser avec précision le motif d'annulation visé et d'apporter les éléments constitutifs de l'irrégularité soulevée. L'action en annulation devra être introduite devant le juge national compétent.

A moins que l'exécution provisoire de la sentence ait été ordonnée par le tribunal arbitral, l'exercice du recours en annulation suspend l'exécution de la sentence arbitrale jusqu'à ce que la juridiction nationale saisie statue sur la demande. Celle-ci dispose d'un délai de trois (3) mois pour rendre sa décision.[48]

L'annulation d'une sentence arbitrale ouvre la possibilité pour la partie qui le souhaite, d'engager une nouvelle procédure d'arbitrage. En revanche, l'engagement de cette nouvelle procédure n'est pas possible si l'annulation a été prononcée en raison du fait que le tribunal arbitral a statué sans convention d'arbitrage ou sur une convention nulle ou expirée.

En application de l'article 25 de l'AU précité, si cette possibilité de demande en annulation est reconnue aux parties, contre la sentence arbitrale, il est important de noter qu'en revanche, celle-ci « *n'est pas susceptible d'opposition, d'appel ni de pourvoi en cassation* ». Si la juridiction nationale saisie rejette, par exemple, l'action en annulation de l'opérateur économique, il pourra en pourvoir en cassation mais, non pas auprès de la Cour Suprême, mais devant la Cour de Commune de Justice et d'arbitrage. C'est le lieu de préciser d'ailleurs qu'à ce niveau, l'action devant la CCJA et les moyens de cassation qui seront développés doivent viser la décision du juge national. En effet, la requête sera rejetée si, devant la CCJA, elle apparait comme une demande d'annulation (directement) de la sentence arbitrale.

Sur ce point, la CCJA a rendu le 26 avril 2018 et sous le numéro 096/2018, un arrêt dans lequel elle juge ce qui suit :

---

[48] A défaut, elle est dessaisie et le recours peut être porté devant la Cour Commune de Justice et d'Arbitrage dans les quinze jours suivants. (Article 27, alinéa 2 de l'AU OHADA relatif à l'arbitrage.

« Attendu que la société INJELEC soulève également l'irrecevabilité du pourvoi pour violation de l'article 25 de l'Acte uniforme susmentionnée en ce que ledit pourvoi est formé contre l'ordonnance n°11 du 18 janvier 2017 rejetant le recours en annulation de la sentence arbitrale et contre la sentence arbitrale elle- même ;
Attendu que selon l'article 25 de l'Acte uniforme relatif au droit de l'arbitrage, « la sentence arbitrale n'est pas susceptible d'opposition, d'appel ni de pourvoi en cassation. Elle peut faire l'objet d'un recours en annulation, qui doit être porté devant le juge compétent dans l'Etat partie.
La décision du juge compétent dans l'Etat partie n'est susceptible que de pourvoi en cassation devant la Cour Commune de Justice et d'Arbitrage... » ;
Attendu qu'il résulte de la disposition susvisée que seule la décision statuant sur le recours en annulation est susceptible de pourvoi en cassation devant la Cour de céans ; Or, en l'espèce, le pourvoi est dirigé à la fois contre la sentence arbitrale qui pourtant ne peut faire l'objet d'un tel recours, et contre l'ordonnance qui a statué sur la demande en annulation de ladite sentence; qu'en outre, le moyen unique du pourvoi se borne à critiquer la sentence arbitrale en lieu et place de la décision ayant statué sur la demande en annulation de ladite sentence ; que pareil pourvoi, manifestement formulé en violation de l'article 25 de l'Acte uniforme susvisé doit être déclaré irrecevable ».

Il est important de préciser, toujours relativement à la contestation de la sentence arbitrale, que celle-ci peut néanmoins faire l'objet d'une tierce opposition. Cette action est donc reconnue à toute personne qui n'étant pas partie au litige, entend faire rétracter ou réformer la sentence. Le tiers auteur de l'action devra, naturellement, justifier de son intérêt à agir, ainsi que des griefs qu'il fait à la sentence, relativement à ses droits.

Comme autre action possible contre la sentence arbitrale, toujours concernant la procédure d'arbitrage selon l'AU précité, on note le recours en révision. Cette action est introduite devant le tribunal arbitral lui-même et le dernier alinéa de l'article 25 de l'AU précité en pose les conditions cumulatives suivantes :

- la découverte d'un fait de nature à exercer, sur la solution du différend, une influence décisive,
- ledit fait doit se situer avant le prononcé de la sentence, et inconnu, à l'époque, du tribunal arbitral, et de la partie qui demande la révision.

Soulignons, enfin sur ce point, que l'Acte Uniforme met bien en avant la liberté contractuelle des parties en leur reconnaissant la possibilité de renoncer au recours en annulation de la sentence arbitrale. La seule limite est que la sentence arbitrale ne doit pas être contraire à l'ordre public international[49]. En cas de contrariété avec l'ordre public international, le recours en annulation auprès de la juridiction nationale demeure possible. (article 25 al.3)

Pour les sentences arbitrales rendues sous l'égide de la CCJA, le régime de la contestation est assez similaire avec celui exposé ci-dessus, à quelques différences près. La partie qui entend obtenir l'annulation d'une sentence arbitrale rendue sous l'égide de la CCJA devra adresser sa requête à la Cour, dès le prononcé de la sentence et au plus tard deux mois après la notification de celle-ci (la sentence).

Le requérant devra tout de même se conformer au cadre strict de l'article 29 du règlement d'arbitrage de la CCJA qui indique que le recours en annulation contre la sentence n'est recevable que :

- si le tribunal arbitral a statué sans convention d'arbitrage ou sur une convention nulle ou expirée ;
- si le tribunal arbitral a été irrégulièrement composé ou l'arbitre unique irrégulièrement désigné ;
- si le tribunal arbitral a statué sans se conformer à la mission qui lui a été confiée;
- si le principe du contradictoire n'a pas été respecté ;
- si la sentence arbitrale est contraire à l'ordre public international ;
- si la sentence arbitrale est dépourvue de toute motivation.

---

[49] Article 25, al.3 de l'AU OHADA relatif à l'arbitrage.

A titre d'exemple, on peut évoquer le recours en contestation de validité de la sentence dans l'affaire *Etat du Niger contre Sté Africard* (CCJA, plén., 14 juill. 2016, no 141/2016, État du Niger c/ Sté Africard).

Dans cette affaire (qui se situe toutefois avant l'adoption du nouveau Règlement d'arbitrage de la CCJA), la Cour indique que : « *attendu qu'aux termes de l'article 29.2 du Règlement d'Arbitrage CCJA, la contestation de validité de la sentence arbitrale ne peut être fondée que sur un des motifs énumérés à l'article 30.6 du même Règlement ; que l'insuffisance de la motivation de la sentence ne faisant pas partie de ces cas d'ouverture, ce moyen est irrecevable* ».

Si l'opérateur économique est requérant, il devra donc viser avec exactitude, sur cette liste, le grief qu'il fait à la sentence et apporter les éléments qui établissent l'irrégularité et la Cour statuera dans les six (6) mois de sa saisine. Pendant ce temps, l'exécution de la sentence arbitrale est suspendue en attendant donc que le Cour se prononce.

A ce niveau, la procédure est très différente de celle concernant la sentence rendue en application de l'AU OHADA sur l'arbitrage. En effet, en cas d'annulation par la Cour, celle-ci peut évoquer l'affaire au fond. Avec ce pouvoir d'évocation, la Cour « se saisit » de l'ensemble du litige, tel qu'il a été soumis initialement au tribunal arbitral, afin de le trancher « définitivement ». Toutefois, l'article 29.5 du règlement d'arbitrage de la CCJA subordonne la mise en œuvre de cette procédure d'évocation, à une demande des parties. Dans l'hypothèse où les parties n'ont pas demandé cette évocation, « *la procédure est reprise à la requête de la partie la plus diligente à partir, le cas échéant, du dernier acte de l'instance arbitrale reconnu valable par la Cour* ».

Les autres cas de contestation d'une sentence arbitrale sont le recours en révision et la tierce opposition. Comme pour le recours en révision selon la procédure de l'AU OHADA sur l'arbitrage, celle concernant la sentence arbitrale sous l'égide de la CCJA est subordonnée à la découverte d'un fait de nature à exercer une influence décisive et qui, avant le prononcé de la sentence, était inconnu du tribunal arbitral ou de la partie demanderesse (de la requête en révision).

Pour la tierce opposition, elle est ouverte à toute personne qui n'est pas partie au litige et qui considère, sous réserve d'un intérêt direct à agir, que la sentence préjudicie ses droits. En application de l'article 47 du Règlement de procédure de la Cour Commune de Justice et d'Arbitrage, le ministère d'avocat est obligatoire pour la tierce opposition. En outre, la requête devra (i) viser clairement la sentence arbitrale attaquée, (ii) une copie de celle-ci devra être produite, (iii), le requérant devra indiquer en quoi cet arrêt préjudicie à ses droits, et, (iv) préciser les raisons pour lesquelles il n'a pas pu participer au litige principal.

2.2.2. La problématique de l'exécution des sentences contre les personnes publiques

Le différend objet de la procédure d'arbitrage peut être lié à un défaut ou un refus de règlement financier des prestations du titulaire du marché. Dans un tel cas, si la sentence arbitrale est favorable à l'opérateur économique, celui-ci entreprendra les démarches procédurales exposées ci-dessus en vue de son exécution.

La cause du litige peut aussi être autre, comme, par exemple, une résiliation jugée abusive par l'opérateur économique. Si la sentence arbitrale est favorable à cet opérateur économique titulaire du marché abusivement résilié, l'Autorité contractante pourrait être condamnée à lui verser des indemnités et, très souvent, pour des montants considérables.

Dans un cas comme dans un autre, la sentence arbitrale devra être exécutée pour que l'opérateur économique puisse voir son préjudice effectivement réparé. L'exécution des sentences ne pose pas de problèmes particuliers quand l'Autorité contractante collabore parfaitement. Toutefois, la situation est toute autre si elle refuse de régler les sommes auxquelles elle a été condamnée par le tribunal arbitral, avec une sentence ayant fait l'objet d'un exéquatur.

Devant une telle situation, l'opérateur économique pourrait entreprendre une procédure d'exécution forcée contre l'Autorité contractante, mais deux obstacles majeurs se poseront à lui : l'immunité d'exécution dont bénéficient les personnes morales publiques, et l'insaisissabilité de certains de leurs biens.

Concernant l'exécution forcée, deux dispositions applicables dans l'espace OHADA se font face. D'une part, et à titre d'exemple, l'article 27.1 du règlement d'arbitrage de la CCJA dispose que « *Toute sentence arbitrale rendue conformément au présent Règlement revêt un caractère obligatoire pour les parties et a l'autorité définitive de la chose jugée sur le territoire de chaque Etat Partie, au même titre que les décisions rendues par les juridictions de l'Etat. Elle peut faire l'objet d'une exécution forcée sur le territoire de l'un quelconque des Etats Parties.*

D'autre part, aux termes de l'article 30 de l'Acte Uniforme Portant Organisation des procédures Simplifiées de Recouvrement et des Voies d'Exécution (AUPSRVE), *« L'exécution forcée et les mesures conservatoires ne sont pas applicables aux personnes qui bénéficient d'une immunité d'exécution (...) ».* Il y a donc là une nette et claire protection de ces personnes qui, même contre une décision exécutoire s'imposant à elle, se voient protégées contre une exécution forcée.

Quelles sont les bénéficiaires de cette immunité d'exécution ? Un simple examen de l'article 30 précité de l'AUPSRVE permet de penser que les rédacteurs de ce texte de l'OHADA visent les personnes morales de droit public et les entreprises publiques. En effet, après avoir proposé le principe de l'immunité d'exécution, cet article 30 vient préciser, à son alinéa 2, que *« Toutefois, les dettes certaines, liquides et exigibles des personnes morales de droit public ou des entreprises publiques, quelles qu'en soient la forme et la mission, donnent lieu à compensation avec les dettes également certaines, liquides et exigibles dont quiconque sera tenu envers elles, sous réserve de réciprocité ».*

Considérant que la compensation visée par ce texte vient atténuer le principe de l'immunité d'exécution, on peut en déduire que « les personnes » évoquées à l'alinéa 1er de ce même article sont effectivement les personnes morales de droit public et les entreprises publiques. Les personnes morales de droit public sont, par exemple l'Etat, les collectivités locales, les établissements publics administratifs, les agences. Elles peuvent aussi viser les groupements formés par ces personnes morales.

On pourrait s'interroger sur l'inclusion, dans ce champ d'application de l'immunité d'exécution, les sociétés nationales et les sociétés anonymes à participation publique majoritaire. Ces structures sont-elles des entreprises publiques (ce qui leur ferait bénéficier de l'immunité d'exécution) ?

Le cadre juridique général des entreprises publiques au Sénégal est défini par la loi n°90-07 du 26 juin 1990 relative à l'organisation et au contrôle des entreprises du secteur public et au contrôle des personnes morales de droit privé bénéficiant du concours financier de la puissance publique. L'article 2 de cette loi classe dans le secteur parapublic :

- les établissements publics à caractère industriel et commercial,
- les sociétés nationales,
- les sociétés anonymes à participation publique majoritaire.

Concernant les sociétés nationales, elles sont désignées comme des sociétés par actions de droit privé dont le capital est intégralement souscrit par l'État et, le cas échéant, par d'autres personnes morales de droit public. La participation directe de l'État y est dite supérieure à 50% du capital social[50]. Pour leur part, les SAPPM sont régies par le Code des obligations civiles et commerciales[51].

La Directive n° 01/2002/CM/UEMOA relative à la transparence des relations financières d'une part entre les Etats membres et les entreprises publiques, et d'autre part entre les états membres et les

---

50 Article 4 de la loi de 1990 précitée.

51 Article 6 de la loi de 1990 précitée.

organisations internationales ou étrangères, définit en son article 1, une entreprise publique comme toute « *entreprise sur laquelle les pouvoirs publics peuvent exercer directement ou indirectement une influence dominante du fait de la propriété, de la participation financière ou des règles qui la régissent* ».

Pour ce texte, l'influence dominante est présumée lorsque les pouvoirs publics, directement ou indirectement à l'égard de l'entreprise :

a) détiennent la majorité du capital souscrit de l'entreprise ; ou

b) disposent de la majorité des voix attachées aux actions ou parts émises par l'entreprise ; ou

c) peuvent désigner plus de la moitié des membres de l'organe d'administration, de direction ou de surveillance de l'entreprise.

Ne serait-ce que sur le critère de la détention de la majorité du capital, les SAPPM et les Sociétés Nationales entrent dans la catégorie d'entreprises publiques, en application de cette directive, ce qui leur ferait bénéficier de l'immunité d'exécution visée dans l'AUPSRVE. Au-delà toute position sur ce débat juridique, on peut tout de même s'en remettre à l'article 25 de la loi n°90-07 du 26 juin 1990 précitée qui indique clairement :

« *Il n'y a pas d'exécution forcée contre les établissements publics, les sociétés nationales et les sociétés anonymes à participation publique majoritaire ayant pour objet exclusif l'exploitation d'une concession de service public.*
Toutefois, le créancier muni d'un titre exécutoire peut, après vaine mise en demeure adressée au directeur général de l'entreprise, obtenir à la diligence du Ministre chargé des finances l'inscription d'office de ses créances au titre des dépenses obligatoires ».

Au regard de cette disposition, deux points pourraient donc permettre au créancier d'obtenir le règlement des sommes qui lui sont dues par une société nationale ou une SAPPM : (i) que son objet social ne soit limité uniquement à l'exécution d'une concession de service public ; (ii) l'inscription de sa créance aux dépenses obligatoires, par l'intermédiaire du Ministre en charge des finances, ce qui lui garantirait *a priori*, un règlement.

Il n'en demeure pas moins qu'on peut être dubitatif, voire critique, sur le fait que des structures par action de droit privé ou soumis au Code des obligations civiles et commerciales, puissent bénéficier d'une immunité d'exécution échappant ainsi aux voies d'exécution de droit commun. Toujours est-il que l'opérateur économique peut toujours entreprendre de négocier, dans la clause compromissoire, ou dans le compromis, une renonciation de la part de l'autorité contractante, à cette immunité d'exécution.

L'opérateur économique qui dispose d'une sentence arbitrale relative à un marché public peut être confronté à un autre obstacle pour l'exécution de celle-ci : l'insaisissabilité des biens du patrimoine de la personne publique. En effet, aux termes de l'article 50 de l'AUPSRVE, « *Les saisies peuvent porter sur tous les biens appartenant au débiteur alors même qu'ils seraient détenus par des tiers, sauf s'ils ont été déclarés insaisissables par la loi nationale de chaque État partie* ». L'article 51 du même texte vient compléter ce dispositif en disposant que « *Les biens et droits insaisissables sont définis par chacun des États parties* ».

Une grande latitude est ainsi laissée aux Etats pour dresser ou définir la liste des biens sur lesquels on ne peut effectuer une saisie aux fins de règlement d'une créance. Pour le Sénégal, et concernant spécifiquement l'Etat, on peut citer par exemple la loi n° 76-66 du 2 juillet 1976 portant code du domaine de l'Etat qui dispose en son article 2 : « *Le domaine public et le domaine privé de l'Etat s'entendent de tous les biens et droits mobiliers et immobiliers qui appartiennent à l'Etat.*
Ceux de ces biens qui, en raison de leur nature ou de la destination qui leur est donnée, ne sont pas susceptibles d'appropriation privée, constituent le domaine public.
Les autres biens constituent le domaine privé ».

Très clairement, ce texte déclare insaisissables les biens mobiliers ou immobiliers, ainsi que les droits y afférents, qui relèvent du domaine public. Tel ne semble pas être le cas pour les biens de l'Etat relevant du domaine privé, au regard de la distinction très nette opérée par ce texte.

Cette règle de l'insaisissabilité constitue ainsi « *le dernier rempart opposable au créancier saisissant mais elle découle de la volonté des législateurs nationaux ce qui peut être la source d'une multiplication des exceptions* »[52].

Mais, dans un arrêt n°103/2018 en date du 26 avril 2018, la CCJA a revu sa position sur l'immunité de juridiction, concernant les sociétés d'économie mixte[53], ce que certains auteurs ont d'ailleurs désigné comme un revirement de sa jurisprudence en matière d'immunité d'exécution[54].

Dans cette affaire (qui venait en cassation auprès de la CCJA) le requérant estimait qu'au regard de la législation congolaise, la défenderesse (la société Grands Hôtels du Congo) n'est pas une entreprise publique mais une société d'économie mixte soumise au régime des sociétés privées ; qu'en lui accordant l'immunité d'exécution, les juges ont violé l'article 30 susvisé de l'AUPSRVE.

La Cour commença par rappeler qu'« *Attendu qu'il ressort des pièces du dossier de la procédure que, muni de la grosse du jugement RAT 16.367 du 21 février 2013 et de l'arrêt confirmatif R.T.A. 7281 rendu le 28 mai 2015 par la Cour d'appel de Kinshasa, sieur MBULU MUSESO pratiquait, au préjudice de la société Grands Hôtels du Congo, des saisies-attributions de créances auprès des différents établissements bancaires de la place, pour avoir paiement de la somme de 59.696, 7 $USD ; que ces saisies étaient régulièrement dénoncées au débiteur qui élevait contestation le 12 août 2015 ; que, par ordonnance M.U. 095 du 02*

[52] Jérôme GIACCI, *Analyse de l'impact de l'immunité d'exécution et de l'insaisissabilité des biens publics sur le recouvrement des impayés des Etats de l'espace OHADA*, in Revue de l'ERSUMA n°7 décembre 2017, pp. 250-270.
[53] La société d'économie mixte est une personne morale de droit privé, constituée sous la forme d'une société anonyme de droit commercial, et présentant la particularité d'avoir un capital social partagé entre un actionnariat public et un autre privé (Dalloz).

[54] Bira LO NIANG : *L'immunité d'exécution à la lumière de la jurisprudence de la Cour Commune de Justice et d'Arbitrage de l'OHADA*, in Revue Africaine et Malgache de Recherche Scientifique, N° spécial Avril 2019.

septembre 2015, la juridiction présidentielle du tribunal de Travail de Kinshasa/Gombe annulait lesdites saisies et en ordonnait la mainlevée ; que, sur appel de sieur MBULU MUSESO, la Cour de Kinshasa/Gombe rendait, en date du 05 novembre 2015, l'arrêt confirmatif sus énoncé, objet du présent pourvoi ».

La Cour jugea ensuite qu'« *Il est établi que le débiteur poursuivi est une société anonyme dont le capital social est détenu à parts égales par des personnes privées et par l'Etat du Congo et ses démembrements ; qu'une telle société étant d'économie mixte, et demeure une entité de droit privé soumise comme telle aux voies d'exécution sur ses biens propres ; qu'en lui accordant l'immunité d'exécution prescrite à l'article 30 susmentionné, la Cour de Kinshasa/Gombe a fait une mauvaise application de la loi et expose sa décision à la cassation ; qu'il échet de casser l'arrêt déféré et d'évoquer* ».

C'est une jurisprudence très intéressante par laquelle la Cour semble s'appuyer sur le statut privé de cette société pour écarter l'immunité d'exécution. Dès lors, considérant que la loi du 26 juin 1990 précitée considère, en son article 4, les sociétés nationales comme des sociétés par actions de droit privé, cette jurisprudence pourrait ouvrir la porte à une possible « saisissabilité » de leurs biens[55].

---

[55] Même si la réserve qu'on pourrait avoir est que dans cette affaire jugée par la CCJA, le capital de la SEM était détenu à parts égales entre le privé, alors que dans la SN au sens de la loi de 1990 précitée le capital est entièrement souscrite et détenue par l'Etat. Toutefois, si la CCJA privilégie le critère du statut privé de la société pour écarter l'immunité d'exécution, la proportion de la part du public sur le capital de la société serait alors inopérant.

CONCLUSION GENERALE

Le contentieux des marchés publics au Sénégal se caractérise ainsi par une certaine diversité de ses règles procédurales, et par une originalité dans l'organisation de la compétence juridictionnelle. Cette originalité tient essentiellement au fait qu'au Sénégal, il n'existe pas de juridictions administratives de type tribunaux administratifs pour connaître, en première instance, du contentieux né d'actes ou de situations en rapport avec l'exécution d'une mission d'intérêt général. Cette particularité fait que les juridictions de droit commun sont compétentes pour connaître du contentieux de pleine juridiction des marchés publics, et statueront en matière administrative. Mais, si le contentieux porte sur une question de légalité d'une décision, d'un acte, pris en rapport avec le marché, la compétence juridictionnelle est dévolue à la Cour Suprême, par le biais de sa chambre administrative. Ainsi, deux niveaux de difficultés se posent au requérant, lequel devra bien appréhender le fond de son affaire pour aborder sans risque de se tromper, les questions de compétence juridictionnelle d'abord, et de procédure ensuite.

Ces niveaux de difficultés viennent s'ajouter à une première étape qui peut se révéler ardue, en l'occurrence la procédure non juridictionnelle, phase où on peut noter une timide réactivité des Autorités contractantes vis-à-vis des recours préalables, et une certaine rigueur du CRD dans l'approche et le traitement des requêtes, ce qui doit amener l'opérateur économique requérant à préparer son action de manière très sérieuse, aussi bien dans la forme et la procédure, d'une part, que dans le fond, d'autre part.

Mais, assurément, l'un des points sur lesquels les pouvoirs publics sénégalais seraient bien inspirés d'apporter des précisions est la procédure du recours devant la Cour Suprême contre les décisions du CRD de l'autorité en charge de la régulation des marchés publics. Si l'opérateur économique requérant a tout intérêt à mettre en œuvre une procédure de référé, il n'a en revanche aucune garantie sur le délai dans lequel la juridiction suprême tranchera son affaire (contrairement au référé-liberté), alors que les enjeux juridiques, financiers et économiques sont très importants.

L'autre point difficile de ce contentieux des marchés publics est l'arbitrage. S'il est vrai que la multitude d'instances arbitrales est à saluer, il faut tout de même souligner le coût important de ce procédé de règlement des différends et, aussi et surtout, l'incertitude sur l'exécution de la sentence, du fait de l'immunité d'exécution et de l'insaisissabilité des biens des personnes publiques, que les réglementations nationales protègent jalousement, malgré quelques timides avancées jurisprudentielles au niveau de la CCJA.

En définitive, avec toutes ces règles et difficultés dans les recours en matière de contentieux des marchés publics au Sénégal, les opérateurs économiques doivent intégrer, au moins, trois impératifs pour préserver au mieux leurs intérêts : (i) comprendre l'encadrement du régime contentieux de la commande publique en général et des marchés publics en particulier, (ii) développer la culture de l'anticipation pour gagner du temps, évitant toute précipitation nuisible à la forme, à la procédure et à la construction des arguments de fond, et, enfin, (iii) toujours définir une stratégie contentieuse à adapter sans cesse en fonction de l'évolution de la procédure.

BIBLIOGRAPHIE

1. Articles et actes de colloque

- BEBOHI EBONGO Sylvie : *la pratique de l'arbitrage OHADA selon le règlement d'arbitrage CCJA*, RJOI 2017 – n° 24
- Dr DIALLO Mamadou Yaya : *Le juge de l'administration et la régulation des marchés publics au Sénégal,* Afrilex, mai 2015
- Dieng Jacques Mactar : *Le* contrôle du juge du plein contentieux en matière de contrat, blog Wordpress, 2012
- GIACCI Jérôme : *Analyse de l'impact de l'immunité d'exécution et de l'insaisissabilité des biens publics sur le recouvrement des impayés des Etats de l'espace OHADA*, in Revue de l'ERSUMA n°7 décembre 2017
- GIUDICELLI Jean-Joseph et NAHMIAS Nicolas, *Appréciation de l'utilité dans le cadre du référé expertise en matière contractuelle, in* Contrats Publics – n° 177 -Juin 2017
- KENFACK DOUAJNI Gaston, formation des magistrats et assesseurs des tribunaux de commerce du Burkina Faso, organisée par l'ERSUMA, thème : *le droit de l'arbitrage*, par Gaston KENFACK DOUAJNI, novembre 2010
- N'GAÏDE Moustapha : "*La notion de matière administrative : évolution de la jurisprudence sénégalaise*", 1999, p.6, paru dans Revue de l'Association Sénégalaise de Droit Pénal,
- NIANG Bira LO : *L'immunité d'exécution à la lumière de la jurisprudence de la Cour Commune de Justice et d'Arbitrage de l'OHADA*, in Revue Africaine et Malgache de Recherche Scientifique, N° spécial Avril 2019.
- Ministère de l'Economie et des Finances *: Les recours contentieux liés à la passation des contrats de la commande publique.* Document du Ministère de l'Economie et des Finances, Direction des Affaires Juridiques, janvier 2015
- *Appréciation de l'utilité dans le cadre du référé expertise en matière contractuelle, in* Contrats Publics – n° 177 -Juin 2017, p.67
- *Guide de l'arbitrage de la CCJA-OHADA,* 2ème édition, 2018

2. Etudes

ARMP du Sénégal, *Guide du soumissionnaire*, 84 p. Octobre

2015

3. Revues et rapports

- ARMP, rapport annuel 2017
- ARMP, rapport annuel 2018-2019
- Revue des marchés publics, N°30 / Janvier - Février 2021
- Squire Patton Boggs, *Marchés publics : préjudice financier, précision et réclamation,* in « la revue squire patton boggs », Droit public-Construction, mars 2009

TABLE DES MATIERES

Structures éditoriales du groupe L'Harmattan

L'Harmattan Italie
Via degli Artisti, 15
10124 Torino
harmattan.italia@gmail.com

L'Harmattan Hongrie
Kossuth l. u. 14-16.
1053 Budapest
harmattan@harmattan.hu

L'Harmattan Sénégal
10 VDN en face Mermoz
BP 45034 Dakar-Fann
senharmattan@gmail.com

L'Harmattan Cameroun
TSINGA/FECAFOOT
BP 11486 Yaoundé
inkoukam@gmail.com

L'Harmattan Burkina Faso
Achille Somé – tengnule@hotmail.fr

L'Harmattan Guinée
Almamya, rue KA 028 OKB Agency
BP 3470 Conakry
harmattanguinee@yahoo.fr

L'Harmattan RDC
185, avenue Nyangwe
Commune de Lingwala – Kinshasa
matangilamusadila@yahoo.fr

L'Harmattan Congo
219, avenue Nelson Mandela
BP 2874 Brazzaville
harmattan.congo@yahoo.fr

L'Harmattan Mali
ACI 2000 - Immeuble Mgr Jean Marie Cisse
Bureau 10
BP 145 Bamako-Mali
mali@harmattan.fr

L'Harmattan Togo
Djidjole – Lomé
Maison Amela
face EPP BATOME
ddamela@aol.com

L'Harmattan Côte d'Ivoire
Résidence Karl – Cité des Arts
Abidjan-Cocody
03 BP 1588 Abidjan
espace_harmattan.ci@hotmail.fr

Nos librairies en France

Librairie internationale
16, rue des Écoles
75005 Paris
librairie.internationale@harmattan.fr
01 40 46 79 11
www.librairieharmattan.com

Librairie des savoirs
21, rue des Écoles
75005 Paris
librairie.sh@harmattan.fr
01 46 34 13 71
www.librairieharmattansh.com

Librairie Le Lucernaire
53, rue Notre-Dame-des-Champs
75006 Paris
librairie@lucernaire.fr
01 42 22 67 13

www.ingramcontent.com/pod-product-compliance
Lightning Source LLC
LaVergne TN
LVHW010931061026
849535LV00007B/2347